U0851060

魅，自山中

连南风情探幽

潘小娴 著

南方日报出版社
NANFANG DAILY PRESS
中国·广州

图书在版编目（CIP）数据

魅，自山中 ：连南风情探幽 / 潘小娴著. -- 广州 :南方日报出版社，2019.11

ISBN 978-7-5491-2110-6

Ⅰ. ①魅… Ⅱ. ①潘… Ⅲ. ①地方文化—连南瑶族自治县 Ⅳ. ①G127.654

中国版本图书馆 CIP 数据核字(2019)第 236169 号

MEI ZI SHANZHONG LIANNAN FENGQING TANYOU

魅，自山中：连南风情探幽

著　　者：潘小娴
出版发行：南方日报出版社
地　　址：广州市广州大道中 289 号
出 版 人：周山丹
责任编辑：李　沁
责任技编：王　兰
责任校对：裴晓倩
封面设计：肖晓文
内文设计：友间文化
经　　销：全国新华书店
印　　刷：广东信源彩色印务有限公司
开　　本：787mm×1092mm 1/16
印　　张：17.5
字　　数：243 千字
版　　次：2019 年 11 月第 1 版
印　　次：2019 年 11 月第 1 次印刷
定　　价：68.00 元

投稿热线：（020）87360640　读者热线：（020）87363865

发现印装质量问题，影响阅读，请与承印厂联系调换。

序 寻幽探魅秀连南

潘小娴是广东知名美女作家，资深媒体人，现任广东省侨界作家联合会秘书长。现已出版：文化随笔集《美人香里说宋词》《村上春树的三张面孔》《闲敲棋子落灯花》《最美的游戏》；音乐随笔集《钢琴美韵》《钢琴的故事》；建筑大师人物传记《建筑家陈伯齐》；散文集《云山花事经眼录》（春夏秋冬四部）、《会飞的蒲公英》等作品。她的近作《云山花事经眼录》入选“首届中国自然好书奖”和荣获“羊城十大好书”。

虽然同为文字工作者，但潘小娴性格低调，不事炒作，因此，我也是两年前通过友人的介绍才闻得其名，识得其容。我们在广州初见面，我便自作主张建议她为家乡撰写一本既有一定深度，又适合游客们轻松阅读的散文小品。回来后，她与连南县旅游局领导进一步沟通，便正式敲定了《魅，自山中：连南风情探幽》的写作与出版计划。

潘小娴是正宗连南人，出生和成长在连南梅村，对家乡一直有着深厚的感情。不过，自从考上大学后，30多年来一直学习、工作、生活在广州，对连南的山山水水，熟悉的程度还不太够。开启这次创作之后，她一点也没有怠慢，多次专程回到连南进行有针对性的访问、调研。这期间，为了保证本书创作的质量，我和旅游局的领导也努力抽空陪同她深入采风。

让我特别佩服的是，作为一个资深作家，潘小娴观察生活的眼光确实与众不同。她说“玩坡节：情牵山坡地，春暖心花开”，她说“瑶山美食，落在山间的一首诗”，她说“三排老寨，清风明月般的静穆与淡远”，她说“月亮湾，潘家大院，是文艺青年的梦想地”，她说“金坑林海翠层叠，半山瑟瑟半山红”，她还说“大古坳梯田，美得让人心醉的凡·高黄”……

每探访一个地方，她都能够用细腻的笔触将当地的风景风情描绘成一幅让人过目不忘的世俗画卷；每吃一道当地的特色菜肴，她都能用生花妙笔将美食的色、香、味描述得让人垂涎欲滴；同时，她所描绘的山寨山民，也都透着一种岁月与生命的力度，让人读后浮想联翩，回味无穷。

她描写三排老寨的独特泥墙：“房子一律灰瓦盖顶。墙呢，是很独特的泥墙，微微地透出一种黄。瑶民们就地取材，用木头固定，倒入山野泥土，一层层压出了严严实实的泥墙。在阳光灿烂的日子，走过三排老寨，一堵堵染上阳光的泥墙，溢满金黄色，整个老寨变得很亮眼很亮眼。”

她感慨万山朝王的拔地奇峰：“如果说，俊秀壮美，深沉阳刚，千军万马，是万山朝王的气质，那是属于唐诗的壮阔气象，那么，山雾萦绕，朦朦胧胧，侠骨柔情，那就是万山朝王的风韵，那是属于宋词的婉约风度。一壮阔一婉约，一气象一风度，如此奇峰画卷，谁还能与万山朝王争锋？”

她描绘省级“非遗”项目牛皮酥的工艺与美味：“一粒粒小黄豆，一小片一小片牛皮酥，细细碎碎的香料狗蓼，还有切成粒状的红辣椒——这一碟菜，不论主料配料，都很小巧，很精致，搭配得天衣无缝，堪称完美。再

细看，小块牛皮酥，形如松糕，色泽金黄，夹一块食之，爽口浑香，绵缠厚实，香酥可口。"

她描写油岭瑶寨雪地里守着柴火刺绣的瑶家女子："空地上燃起一堆柴火，浓浓淡淡的烟，随风，静静地向四处飘散。她们，坐在火堆旁，坐在雪地里，摊开靛蓝的布，举起彩色的线，一针一线绣了起来。烟，袅袅地，绕到她们的手上，她们灵巧地把日常渴望与瑶族的历史烟云，一同绣进了方寸之间。这是我见过的最闲雅的雪景。"

…………

《魅，自山中：连南风情探幽》全书细分为四个部分：第一辑"连南之魅"，描叙连南悠邈独特的历史渊源；第二辑"连南之醉"，描写连南热诚豪犷的风土民情；第三辑"连南之幽"，描绘连南旖旎的自然风光；第四辑"连南之味"，描述连南原生态的乡土美食。

《魅，自山中：连南风情探幽》以女作家细腻、温润、婉约的笔触，生动轻灵、幽默俏皮的笔调，将连南神奇幽邈之"魅"力，活泼泼地展现在世人面前。这是一本有深度、有温度、有亮度的好书。我相信，人们翻阅了这本书，一定会更加了解连南，爱上连南，情不自禁地走进连南。

罗明辉

（作者系连南县文联主席）

目录

魅，自山中：连南风情探幽

Contents

第一辑

连南之魅：诗一般美，画一般靓

瑶族舞曲的故乡，从春秋战国走来 / 2

瑶汉一家，相映生辉风情美 / 8

花开五朵，朵朵璀璨惹人醉 / 12

三江八景焕新颜，百里瑶山添锦绣 / 20

第二辑

连南之醉：瑶汉风情，声色撩人

瑶族节日

玩坡节：情牵山坡地，春暖心花开　/ 26
开耕节：春锄扑扑趁初晴，一犁新雨破春耕　/ 31
尝新节：瑶山美食，落在山间的一首诗哟！　/ 37
开唱节：涉水背爱健步飞，月照山头歌对歌　/ 42
稻田鱼节：稻鱼共生味鲜香，徒手抓鱼笑哈哈　/ 46
盘王节：情也舞起来哟吙，爱也跳起来哟吙　/ 51

瑶族风俗

讴莎腰：对对歌谈谈情，新婚三日新郎新娘不许同房　/ 58
“坐”一回轿，走向另一个世界　/ 64
“瑶”窕淑女爱绣花，浓妆淡抹总相宜　/ 67
从阿贵哥、莎腰妹开始，进入善变的时光隧道　/ 73
山腰上的瑶寨，柴门寂寂黍饭馨　/ 78
弯弯的月儿小小的船，谁坐在船上洗呀洗澡澡　/ 83
耍歌堂：歌舞升平，世俗美好　/ 86
冬比冬比冬冬比，挨汪嘟啰！　/ 93

汉族节日

闹元宵，上花灯，酿猪㿜菜，乐呀乐开怀　/ 98
二月二，龙抬头，衣香花气熏人醉　/ 101
四月八，大水发，求平安岁月美　/ 104
五月五：包中香黍分边角，彩丝剪就交绒索　/ 106
磨刀节：千山万山雨忽至，沾身也带英雄气　/ 109

汉族风俗

舞火龙：一场在火光和勇气中的美好祈福 / 112
唱春牛：春牛歌仔地头唱，家家幸福笑连连 / 115
舞狮头：生猛舞狮腾挪跳，吉祥富贵进万家 / 119

第三辑

连南之幽：锦绣瑶山，美轮美奂

伏兔春荫：一山三名绿树绕 / 124
鹿鸣秋高：雄奇风雅清风爽 / 129
花径瑶归：一路对歌把家还 / 136
万山朝王：拔地奇峰画卷开 / 139
三排老寨：清风明月般的静穆与淡远 / 146
油岭古寨：温暖的人，闲静的情 / 151
千年瑶寨：繁华古典美，热闹烟火气 / 160
《瑶颂·瑶族舞曲》：一场回望，一眼千年 / 169
文艺青年的梦想地：月亮湾，潘家大院 / 174
大古坳梯田：美得让人心醉的凡·高黄 / 180
金坑林海翠层叠，半山瑟瑟半山红 / 192
银盏坑正坑：各美其美，满满的童话味道 / 197
置身九寨梯田，原来时光可以这样温柔以待 / 201
大麦山榕树：一树榕荫一溪梦 / 206
天湖风来波浩渺，板洞山水翠连云 / 211
美艳哟！南门桥！三江河！ / 216

第四辑

连南之味：奇香奇味，美名远扬

瑶族美食

大锅菜大盆菜，庸常日子里的一首温婉长诗　/ 222
金黄爽口牛皮酥，远古光阴留余香　/ 226
小蹄大作，手齿留香　/ 229
当烟熏肉遇上大苋，相吸相引，清香四溢　/ 232
香料焖鸭，压不住的奇香四溢　/ 235

汉族美食

一道白切鸡，一种美丽的乡愁　/ 239
香软酿豆腐，白嫩如山，可爱似灯笼　/ 243
可以“生”吃的鱼丸，如何穿越寨岗的前世今生？　/ 246
山涌水放养寨南鱼，好一种极致的生活艺术　/ 250
灿开在蒸笼里的一朵朵金色之花　/ 254
金衣白玉冬笋鲜，温婉山村光阴美　/ 260

后记　我心中最美的地方　/ 264

第一辑

连南之魅：

诗一般美，画一般靓

魅

瑶族舞曲的故乡，从春秋战国走来

连南，经典旋律《瑶族舞曲》的故乡！

20世纪50年代，著名作曲家刘铁山在连南采风并创作出了《瑶族长鼓舞》，后经作曲家茅沅改编为管弦乐《瑶族舞曲》，成为中国民族乐曲经典之作，风靡全世界。

瑶族舞曲的故乡——连南，其悠久的历史，可追溯到春秋战国时期。

连南瑶族自治县政府网站有篇《历代行政区划设置》，谈到了连南源远流长的建置沿革，从春秋战国开始，历经2000多年的历史烟云，直至中华民国三十五年（1946），“连南”之名才第一次出现。

瑶族舞曲

晚霞耀三江

一路走来，连南之名出现前的地域与历史，一直风云变幻。

连南地域，春秋战国时期属楚国，秦朝属长沙郡，汉朝属桂阳郡，三国、晋朝属始兴郡，南北朝属阳山郡，隋朝属熙平郡（包括今阳山、连州市、连山等县市）。唐朝、宋朝属连州，元朝属连州路（元朝改连州为连州路），明朝属连州。

清康熙四十二年（1703），筑三江城（今连南三江镇），设“理瑶同知”，隶广州府，雍正七年（1729）改称“理瑶军民直隶同知”，嘉庆二十二年（1817）改为“连山绥瑶军民直隶同知”，连山县改为“连山绥瑶直隶厅”。中华民国成立后，连山绥瑶直隶厅改称连山县，连山县政府设“瑶务处”。民国十六年（1927）设“连阳化瑶局”，民国二十四年（1935）改为“连阳安化管理局”。

这其中，唐宋元明，隶属连州，一直都与连州这个名字紧密缠绕在一起。也因为这种缠绕，连南的历史也多了几分文气。唐代大诗人刘禹锡下放连州任刺史期间，迷恋连州各地山水，曾写下诗句“剡中若问连州事，惟有千山画不如”，赞美连州风光连漂亮的图画也难与之匹敌。如今，连南的青山绿水惹人羡慕，不正生动印证着大诗人留下的这一缕缕美妙的文气吗？

民国三十五年（1946）改为连南县政府，驻今三江镇。自此，连南之名首次出现。尔后，连南便进入了从合并到分离的历史轨迹，就仿如中国古典四大名著之一的《三国演义》第一回里出现的名句“合久必分，分久必合”。

1950年，连南县人民政府成立，县政府驻三江，隶属北江专署。1953年，连南、连山合并，成立连南瑶族自治区，隶粤北行政公署。1955年，连南瑶族自治区改称为连南瑶族自治县。1958年，连南瑶族自治县与连县、连山、阳山合并为连阳各族自治县。1960年，阳山县划出，成立连州各族自治县。1961年，撤销连州各族自治县，恢复连县、连山县、连南瑶族自治县建制，属韶关地区管辖。

时光飞越到1988年，连南又来了一次华丽转身，连南瑶族自治县划归清远市管辖，其行政区划延续至今。

历经2000多年的风云变幻，终于尘埃落定。如今的连南瑶族自治县，位于广东省西北部，广东人称之为粤北地区。其东北与连州市交界，东南与阳

连南名片：中国瑶族刺绣艺术之乡

连南新貌

四通八达的交通网——二广高速连南连接线

连南县城朝霞

连南县城夜色

山县相连，南接怀集县，西邻连山壮族瑶族自治县，西北与湖南省江华瑶族自治县接壤，辖7个镇（三江、寨岗、大麦山、香坪、大坪、涡水、三排），县城设在三江镇，有“二广高速”“许广高速”直通广州，县城距广州236公里，车程不远，三个多小时可到达。

深山里的瑶寨(南岗)

出山

瑶汉一家，相映生辉风情美

“九山半水半分田”，地处粤北南岭山区的连南，全县1300多平方公里，境内崇山峻岭，连绵百余里。海拔250米以上的丘陵和高山占全县总面积的98％，海拔1000米以上高山达161座，而海拔1300米以上的山峰有大雾山、起微山、大龙山、孔门山、天堂山等，大雾山为全县最高峰，海拔1659米。

在这连绵百里的高山峻岭上，到处是瑶家村寨，故连南瑶族自治县有“百里瑶山”之称。

根据瑶族的先人传说，瑶族先民原是古代东方“九”中的一支。秦汉时期，瑶族先民以长沙、武陵或五溪为居住中心。经过长期的迁徙，隋唐时期，已有一定数量的瑶族先民进入粤北地区居住。唐代诗人刘禹锡被贬连州时，曾写了题为《连州腊日观莫徭猎西山》的诗篇。莫徭，瑶族的古称，此诗篇生动地描绘了连州地区（连南当时属连州辖）瑶族人民狩猎的现场，猎者勇猛，禽兽惊惶，其中写到大旗摇动禽兽窜，野鸡鹌鹑堆马鞍。到了宋代，在湘、桂、粤边境地区，形成了一个瑶族聚居的中心。至元代时，已产生了独特的社会政治组织——瑶老制。明代形成了“八排二十四冲”（排，即数千人的大山寨；冲，即数百人的小山寨）。由此可见，自隋唐以来，历经唐宋元明，连南地区已逐渐成为瑶族的聚居区了。

生活在“百里瑶山”的瑶民，又有排瑶和过山瑶之分。

排瑶，是因为瑶民习惯聚族而居，依山建房，其

神秘的瑶王

板洞过山瑶挂灯节

房屋排排相叠，形成山寨，所以被称为“排瑶”，主要有唐、房、盘、邓、沈、李、龙、许等姓氏，他们的先祖来自湖南长沙、道州、辰州、江华等地。连南还是全国唯一的排瑶聚居地，至今仍保留和沿袭着刀耕火种、采集狩猎、梯田稻作、山居建筑、传统服饰、特色饮食、丧葬习俗、传统婚俗、传统节日等深厚的传统文化。

过山瑶则因为其祖先以耕山为主，迁徙无常，“食尽一山过一山”而得名，其村寨一般小而分散，一个村寨只有十几户人家，甚至有的只有三五户人家。其中，人口较多的有赵、李、黄、祝、郑、莫、冯等姓氏。据其族谱记载，连南瑶族自治县内的过山瑶主要是清道光年间先后从广西和湖南迁入的，其语言、服饰和生活习惯，与湖南江华和广西贺州等地的瑶族相近，而与连南排瑶有明显的差别。

瑶家木板宴

舂糍粑

做糍粑

排瑶唠家常

瑶族长者

作为瑶族主要聚居区的连南瑶族自治县，其实也有不少汉族人聚居着。据史书记载和考古发现，约在1500年前，中原文化已传播到连南，汉族人口已有相当的数量，至今还占据着连南人口的半壁江山。

2017年人口资料显示，连南全县户籍总人口为175 125人，其中瑶族人口96 680人，占总人口比例为55.2％。县内汉族人口约70 000多人，占总人口比例40％多，汉族人口大部分为客家人，主要分布在三江镇、寨岗镇，三排镇和大麦山镇等地亦有少量分布。长期以来，瑶族文化与汉族文化相互辉映，成就了连南独特的文化风景。

此外，连南县内还散居着少量的壮、回、满、黎、彝、土家、布依、朝鲜等民族人口。不同民族的祖先用他们的智慧和勤劳，在历史长河中，共同塑造出了连南独特的人文景观与多元和谐的文化生态。

花开五朵，朵朵璀璨惹人醉

瑶族世代居住在蜿蜒起伏的群山中，充满了神奇色彩。他们的世俗日常，他们的瑰丽服饰，与千姿百态的峰峦，虚无缥缈的云海，深邃神秘的溶洞，莽莽苍苍的森林，迂回曲折的溪河流水，遍布山野的奇花异树，一起构成了一幅幅天然绮丽的山水风景画和世俗风情画。因而自古以来，连南又被誉为“锦绣瑶山”。

“锦绣瑶山”，花色秾丽。在这众多的秾丽花朵中，其中有五朵最为耀眼：瑶族耍歌堂、瑶族长鼓舞、瑶族婚俗，皆为国家级非遗项目；千年瑶寨、广东瑶族博物馆，则是国家4A级风景区。这五朵璀璨之花，共同造就了连南瑶族最璀璨的历史风韵与文化风情。

瑶族“耍歌堂”，瑶语叫“挨歌堂”，“挨”是做的意思，“歌堂”是唱歌的地方，“挨歌堂”意谓举行一次唱歌活动。耍歌堂活动天数，各区域、各姓氏不同，有八天、三天不等。这是连南排瑶集纪念祖先、追忆历史、庆祝丰收、酬谢还愿、传播知识、赛歌赛舞、谈情说爱、访亲会友等于一体的最隆重、规模最大的传统民间盛会，内容包括“师爷舞”“出歌

耍歌堂

吹牛角

鼓舞飞扬

讴莎腰

瑶族耍歌堂

堂”“过州舞”“长鼓舞”“法真表演”“追打黑面人”等表演活动。一场耍歌堂，大地是舞台，梯田是歌堂坪，铜锣叮当，牛角嘟嘟，长鼓梆梆，瑶民们尽情地跳、尽情地唱，演绎着属于瑶山的漫长烟云历史，演绎着属于瑶民的世俗美好画卷。

长鼓，鼓身细长，两头大，呈喇叭状，是瑶族文化中的一个重要元素，自古便有“瑶不离鼓”之说。长鼓，瑶语叫“汪嘟”；跳长鼓舞，叫“挨汪嘟”。瑶族长鼓舞是排瑶人民世代相传的民间传统舞蹈，舞蹈动作大多是反映瑶民的生产和生活内容，斗鸡射箭、犁田种地、伐树运木、斗龙伏虎等，形象生动，富有生活气息。跳的人跳得热火朝天；看的人看得热血沸腾。每逢农历三月三开耕节、十月十六盘王节等传统节日或喜庆场合，瑶族人必换上盛装，聚集到村前的广场，吹响牛角，敲起铜锣，击长鼓而舞，以欢庆节日。那情那景，完全就如这两句歌词——“长鼓不住敲，万民齐欢畅；自由幸福的太阳，高呀么高空照！”

瑶族婚俗，从月色中开启。月亮当空挂，夜风轻轻吹，田间虫鸣啁。瑶家青年男子阿贵哥们，顶着星光和月色，举着火把，赶着山路，来到自己喜欢的莎腰妹窗前，“讴莎腰”对歌。瑶语中，“讴”是“唱”之意，“莎腰”指姑娘，“讴莎腰”，意思就是以唱歌的方式和姑娘谈情求爱。这是流行于连南瑶族的一种自由恋爱的传统婚俗，通过对歌自由选择自己的心上人。一番“讴莎腰”，双方情意合，再经过订婚、送“盐包钱”、择定婚期、炒黄豆、送嫁、婚礼、洗脸认亲、回门等一系列繁复礼节，艳艳的爱，甜甜的情，在百里瑶山绵延灿烂。

千年瑶寨，建于宋代，至今有千余年的历史。整个山寨筑于海拔800多米的高山上，被誉为“中国瑶族第一寨”，是中国规模最大、最古老、最具特色的瑶寨。一条宽宽长长的青石板石阶山道从半山寨门直通山顶盘王庙，将左右两边小横巷串联起来，构成一个纵横交错的古寨。300多幢明清时期的民居古宅，清一色青砖黛瓦，顺着青石板山道，错落有致向上铺排着。明

南岗千年瑶寨

守望故乡——南岗千年瑶寨

代修建的寨门、寨堂、石拱桥、石板道、石棺墓等，虽历经数百年，但风貌犹存。瑶家的火炉堂、烟熏肉，还素朴地存在着。古寨日日炊烟袅袅，瑶民还固守着“日出而作，日落而息”的生活。千年瑶寨，既有淳朴的热闹烟火气，又不失恬淡的繁华古典美，并荣获了“中国历史文化名村”“中国民间艺术之乡”“广东十大最美村镇”“广东省历史文化名村”等称号。

广东瑶族博物馆，是了解连南“锦绣瑶山”的一个生动窗口，浓郁与厚重并存，精细与典雅共泽。该馆坐落于连南高寒山区自愿移民示范区内，占地面积47.75亩（约3.18公顷），建筑面积14 566平方米，于2013年1月连南瑶族自治县成立60周年之际隆重开馆。馆内征集各类瑶族文物、实物共20 541件，目前是全国瑶族文物最多、最系统、最齐全的专业博物馆。博物馆陈列主题为“瑶岭长歌”，分为远古寻踪、瑶山春秋、古韵流芳、神工能匠及瑶绣工坊，清晰又系统地展示全国瑶族四大支系三十个分支乃至世界瑶

星河下的千年瑶寨

全国最大的瑶族博物馆——广东瑶族博物馆

族的历史文化，承载着全国瑶族乃至世界瑶族的历史、社会、经济、文化信息以及对瑶族文化的研究和传承。可以说，正因为有了这个瑶族博物馆，连南的文化品位立马就显得“高大上”起来了。

三江八景焕新颜，百里瑶山添锦绣

“三江八景”的命名，始于中华民国初年。时三江籍文人杨芝泉等追慕各县均有八景之说，遂于三江境内寻幽访胜，定出了三江八景：鹿鸣秋高、仙楼晚眺、伏兔春荫、石泉夜渡、合望夕照、桂井残虹、花径瑶归、沿潭映月。

邑人董百洵将八景之名融合进《咏三江八景》诗中，诗云：“鹿鸣秋高清风好，伏兔春荫绿树绕。花径瑶归山歌对，石泉夜渡渔火渺。桂井残虹水甘洌，沿潭映月三珠浮。合望峰高留夕照，仙楼览景宜晚眺。”

随着岁月的流逝、地形地貌的改变，虽然“三江八景”有些已无迹可

云雾缭绕猫公山

循了，但可喜的是，鹿鸣秋高、伏兔春荫、桂井残虹、花径瑶归依然还存在着。尤其是鹿鸣秋高、伏兔春荫这两景，在连南县政府的大力支持和打造下，如今已分别变成人文风光与历史风光兼具的鹿鸣关公园和猫公山休闲公园，里面设有凉亭、长廊、雕塑及停车道路，既方便连南人，也方便驱车过往的客人，在这里驻足寻古。历史，如一帧帧影像，生动地呈现在眼前，鹿鸣秋高与伏兔春荫的今生，焕发出了新的光彩。

桂井残虹，出现在东塘村的回龙湾。廻龙湾有一泉，清澈甘洌，泉旁植有一棵桂花树，此泉又称“桂井”，每当雨后天晴，廻龙湾一带极易出现彩虹，此景被誉为“桂井残虹”。如今，泉还在，雨后彩虹依然可见，桂花树也已经补种上几棵，待到桂花树长大，满枝花开之时，“桂井残虹”亦可唯美再现。

锦绣瑶山

县城朝霞

花径瑶归，位于县城东南方的东塘山岭。这是一条秦汉时期修筑的古驿道，也是20世纪60年代以前，三排、连水、油岭、南岗、牛头岭等地的瑶族同胞前往三江城的必经路径。每当三江圩日，一群群瑶胞乘着酒兴，携着购来的生活用品，在山径间步步登高，悠美的瑶家歌声随风飘荡，无数的红头巾、翎羽雉毛、耳环、项圈在夕阳映辉下展现出多彩多姿，与石径旁的野花构成了一动一静色彩斑斓的画卷——“花径瑶归”。到了20世纪60年代，三江到寨岗的公路开通，古驿道慢慢荒芜，“花径”不见，“瑶归”亦无踪迹。

但，同样很可喜的是，近年来为使“花径瑶归”的风景重现，连南县政府投入人力物力，每年请当地村民割几次古驿道的杂草，让“花径”得以重现。如今，“花径”已现，相信不久的将来，我们就可以看到“花径瑶归”的古韵景象，欣赏到“花径瑶归山歌对”的诗意画卷。

不仅唯美的三江八景正在逐步焕发新的光彩，还有百里瑶山，也在保护中逐步地挖掘出了连南特有的文化内涵。除了上面谈及的国家非物质文化遗产耍歌堂、长鼓舞、瑶族婚俗，以及千年瑶寨、广东瑶族博物馆这两个国家4A级风景区外，连南还开发出了很多让世人惊讶与认可的新名片：中国民间艺术之乡——油岭古寨，中国宜居宜业典范城市，中国油茶之乡，中国蚕丝之乡，中国无核柠檬之乡，中国瑶族刺绣艺术之乡，广东省绿色名县，广东省林业生态县，广东省省级自然保护区板洞水库、大鲵自然保护区等，还有风靡世界的“万山朝王”、《瑶颂·瑶族舞曲》、大古坳梯田等至美之景。

连南，自然资源丰富，自然物产丰沛，四季分明，自然生态，宜人，宜居，宜游。

百里瑶山，瑶族风情浓郁；县城三江，也自有一番璀璨美艳。还记得被誉为“以孤篇压倒全唐”的张若虚笔下的《春江花月夜》吗？对了，连南三江河夜晚的美景，便是一派“春江花月夜”之盛景——滟滟随波千万里！

光华流转，可触可感，且美且艳！这便是魅惑无比的连南——诗一般美！画一般靓！

雨中赏花

瑶族节日盛装

连南之醉：

瑶汉风情，声色撩人

醉

瑶族节日

玩坡节：情牵山坡地，春暖心花开

青春逼人的阿贵哥、莎腰妹，爱情才刚刚萌出一朵小花，多情的他，撞着了多情的她，眼波偷偷地荡漾，心思偷偷地绵长。如果，有机会掀开这层偷偷埋藏在心里多年的爱意的面纱，两人的情感，自然就很容易碰撞出一种火花。

最好的机会，就在"玩坡节"！

阿贵哥、莎腰妹，都在默默地等待着"玩坡节"，来一场山坡上的风花雪月，娇痴挑逗，打情骂俏，就像那首俏皮的流行情歌《你潇洒，我漂亮》所唱的那样："女人爱潇洒，男人爱漂亮。不知地不觉地就迷上你。我说你潇洒，你说我漂亮。谈恋爱说情话的甜言蜜语……"潇洒的阿贵哥，漂亮的莎腰妹，他挑逗她，她"媚好"他——那是爱，最自由最浪漫的时光。

瑶族玩坡节，也叫"情人节"，距今已有1000多年历史，是瑶家青年男女自由恋爱、瑶家人追求自由、有情人追求幸福的一项民俗活动。玩坡节每年农历正月初二至初六举行，瑶寨的未婚男女青年都盛装打扮，聚集到一个约定的山坡上，尽情嬉闹，对对歌，说说爱。但因时代变迁等原因，玩坡节曾停办了20多年。2016年春节期间，"首届瑶族（油岭）玩坡节"在连南油岭瑶寨举行，玩坡节也重新焕发光彩。2019年春节年初五，第四届玩坡节在三排油岭村拉开帷幕，油岭寨山坡上一派喜气洋洋。

铳炮打响，牛角吹响，铜锣敲响，玩坡的男男女女穿上节日盛装，唱

油岭玩坡节

响山歌，沿着弯弯曲曲的小路，涌向远离村寨的高高山坡上（俗称“玩坡地”）。身披红袍的先生公首先登场，祭拜、禀报盘古王，请求恩准男女间的自由恋爱。

“今天是黄道吉日，各家各户要听好，放牛出栏喽——”先生公放开喉咙大喊一声，那意思是，请父母允许子女外出唱歌，谈情说爱，相会意中人。

随着“放牛出栏喽”的吆喝一出，脖子上银铃叮当的阿贵哥，头顶上羽毛飘飘的莎腰妹，纷纷涌向约定的山坡。

爱你就要大胆地唱出来！平日里看似温柔害羞的莎腰妹，此刻站在引人注目的山坡上，变得极其的勇敢。她们挥舞着“格洛堂”，唱起了挑逗的情歌，大胆向阿贵哥求爱。“格洛堂”很好看，这是一种用纸或天然的鲜花制成的固定在一小竹竿上，经风吹时会旋转的小风车。据说，“格洛堂”是莎腰妹独有的求偶方式，而《格洛堂歌》也是排瑶特有的和唯一由女方首先对

火旺情更浓

男方抒发爱慕的情歌。

意气风发的阿贵哥，早已被撩拨得春情漾漾，手拿起“戈帮”，迫不及待地向心仪的莎腰妹连连弹射。“戈帮”，是一种用深山里砍来的小竹子制作的道具，用沾湿的纸张作为“子弹”，发射时会发出“啪”的响声，也叫“噼啪筒”。这“啪”“啪”“啪”响的“戈帮”，其实就是瑶族青年手中的爱神丘比特之箭。若是莎腰妹用花伞来挡“戈帮”，表示不接受这份爱慕，请阿贵哥再寻良缘；若是莎腰妹不躲不闪，任由阿贵哥手中的“戈帮”弹射，那就表示“我偷偷地喜欢着你，就等你射中我，射穿那层薄薄的面纱”，一起携手在春心涌动的山坡上，谈一场风花雪月的恋爱。

一番对歌示爱，一番“戈帮”弹射，仿如一场电光火石的碰撞。之后，潇洒的阿贵哥牵着漂亮的莎腰妹，到山坡上，到树丛中，对唱情歌。通过歌声互相了解，建立了更深的感情，恋上你，爱上你，从此相约一辈子。阿贵

玩坡节的莎腰妹

哥背着莎腰妹，走上情人桥，互送定情的信物。莎腰妹把亲手绣的绣花袋送给阿贵哥，阿贵哥则把亲手打制的银项圈套上莎腰妹的脖子，从浪漫的玩坡节开始，恋你一生，爱你一生。

你潇洒，我漂亮！单身的小年轻、小情人，在玩坡节这一天，深情款款地，情牵山坡地，情定情人桥。自由的爱情，生根发芽，他们大多数都会结成美满幸福的婚姻。

偶尔，也会有极少数的青年人，由于各种原因，有情却不能成为眷属，往日恋人，终究只能成为一种思念。但到了"玩坡节"的白天，他们可以不受家庭的约束，自由地到山坡上，与旧情人对歌叙旧，互诉思念之情，别人绝不会干扰和非议（但规定入夜归家，不能与旧情人在外面夜宿）。曾经的那个心上人哟，终于可以回到从前，回到一起玩坡唱歌跳舞的纯美年华，尽管时光短暂，却也让一份镜花水月的爱，变得真实，变得奔放，伸手可触。但节日过后，这种婚外之恋的相会又会被禁止。所以，玩坡节，又被称为"开禁节"，在含蓄内敛的传统下，也有着奔放的浓烈个性。

小情人，唱唱歌，说说爱，定定情；旧情人，重拾前缘，镜花水月，真实可触。没有说爱定情，也没有旧情人可会的，亦可闹得快乐无比，因为，"玩坡节"并不仅仅是"谈情说爱"的日子，还是排瑶的一种闹新春活动。

节日当天，祭盘王、祭龙位、闹春牛、瑶族长鼓舞、射箭等丰富多彩的民俗活动，接连不断上演。尤其是闹春牛活动，热闹又好玩，人们依照生产场面，扶犁的，使锹的，荷锄的，扛枪的，持刀的，挑担的，吆喝牲口声，锄地号子声，欢乐呼哨声，活灵活现地展示出春耕的热闹情景。正当人们沉浸在欢乐的劳动中，突然，扮成邪恶天灾的"黑面人"手拎肉片出来捣乱，人们便一起用刀枪奋起追杀，祈望风调雨顺，五谷丰登。

春心波动，春情漾漾，春暖心花开，春光无限美——这才是玩坡节，至好的风情，至美的图景！

开耕节：春锄扑扑趁初晴，一犁新雨破春耕

布谷飞飞劝早耕，春锄扑扑趁初晴。
千层石树遥行路，一带山田放水声。

清代姚鼐的诗歌《山行》，描绘行走在千层石树山间，飞翔的布谷鸟殷勤劝耕，农夫趁天晴挥锄劳作，放水灌田，水声悠悠，山田波光粼粼。飞鸟的欢叫，扑扑的锄声，山田的水响，相互交织，有声有色，好一幅充满活力的山乡春耕图。

在连南瑶山，这么唯美的春耕图，比比皆是。尤其是半山腰的瑶寨里，更有非常热闹的一年一度“开耕节”，不仅有飞鸟的欢叫，扑扑的锄声，山田的水响，还有隆重的拜祭、热情的长鼓舞，欢快的歌声，甚至还可以在波

瑶寨春耕图

瑶寨春耕图

光粼粼的农田里，玩一玩摸田螺。

春耕，在瑶寨，有点姗姗来迟。因为瑶寨一般都筑建在高寒山区的半山腰上，天气偏冷，一年只种一季稻，待到天转暖，春耕才会正式开始。连南排瑶约定俗成：每年农历三月初三为“开耕节”，意为一年春耕开始，一年的辛劳也正式开始了。

开耕当日早上，鸣放铁铳炮，号角响彻村寨，瑶民们杀猪宰羊，在先生公的带领下，早早涌到梯田。

先生公在梯田上点香燃烛，舞动铜刀，摇响铜铃，敲起铜锣，念瑶经，举行祭祀仪式，还不时向四面八方播撒玉米、稻谷、黄粟等种子，祈求风调雨顺，五谷丰登。

开耕祭祀仪式过后，阿贵哥、莎腰妹一展舞姿，热情洋溢地表演开耕歌舞。长鼓舞“冬比冬比冬冬比”响，阿哥阿妹们悦耳的歌声响彻山谷。虽然天空飘着小雨，但所有人都欢快无比。

春雨飘，春风暖，山花开，瑶人醉，游人也醉。伴随着激情而热烈的长鼓舞，瑶族同胞和游人共同为春耕的牛披红挂彩。接着，先生公宣布开耕正式开始，高声叮嘱：各家各户搞好生产，看管好猪、牛等牲畜，不要损坏庄稼。同时并封歌、封舞，待农历“七月七”开唱节后才能解封。

好吧，这里再说一个好玩的穿牛鼻子的故事。开耕节这

大麦山开耕节

耕作忙

一天，成年的小牛的鼻孔，会被穿上一个铁圈，瑶人会培训小牛怎么犁田耙田。因为刚穿鼻孔，拉一拉绳子，牛鼻孔会痛，所以犁田耙田时，叫小牛怎么走，它都会很听话，培训快速又见效，小牛很快就能成为犁田耙田的好帮手。瑶族同胞真聪慧，从劳动生活中掌握了高效的农事技巧。

歌歇，舞停。瑶人扛着锄头犁耙，赶着披红挂彩的成年小牛，下田劳作，一年一度的春耕，由此正式开始。

百里瑶山的层层梯田上，这边厢，一犁新雨破春耕，牛儿拉着犁耙，翻出新土，耕种新一年的希望；那边厢，瑶民们正用锄头忙着砍田基、扶田基、除草等各种农事活，扑扑的锄声，山田的水响声，有声有色，热火朝天。

就算是小孩子们，也没有闲着。你看，层层梯田波光粼粼，像魔镜般。其实，这梯田是真的有魔力哟！你把手捞到粼粼波光，会捡拾到一个个大大的田螺。如果你运气好，或者还能捞到一些活蹦乱跑的小螃蟹、小黄鳝。开耕日，从田里捞出一桶“田鲜”，回家一炒，真乃人间美味。

如果，你是去三排镇的千年瑶寨观赏开耕节，请记得去看看寨里的万株樱花林。人间四月，千年瑶寨的樱花，正演绎着最绚烂的花季，樱花漫舞，如霞似锦，堆云叠雪。那当真是——观农耕习俗，赏花花世界，两不误。

如果，你是到大麦山镇九寨梯田观赏开耕节，虽然没有樱花漫舞，但也自有一番乐趣。你可以学学春瑶族糍粑，看一看一年

举火把，捡田螺

蓬。一年蓬，花型小，花白，色淡雅，生长姿态既热烈又奔放，开满了九寨梯田的山坡和田边。这不也正是瑶山瑶民们人生的一种写照吗——热烈地劳作，奔放地跳舞，奔放地歌唱！那也同样是——观农耕习俗，赏花花世界，两不误哟。

捡田螺

摸田螺

尝新节：瑶山美食，落在山间的一首诗哟！

遇见一个人，若要一见钟情，需要缘分。

遇见一道美食呢，若要一见钟情，亦需要缘分。

一个山间小寨，一千名食客，一张张木头长桌，全部用芭蕉叶当桌布，用竹簸箕做菜盆。菜盆里，有绿桑叶包的糍粑，用竹筒盛的豆角，用芭蕉叶盛的米饭，用土陶碗装的米酒……看着这土气素朴的碗盆，闻着这清清香香的山间食物，瞬间就对它们一见钟情，我整个人的眼神儿都被牢牢地俘获了！

这个山间小寨，叫墩龙瑶寨，就在连南瑶族自治县，离千年瑶寨不远的地方。

墩龙瑶寨尝新节

暮晚，太阳还火辣辣地照在天上，瑶族特色的绿色食材晚宴——千人生态长桌宴，就开始热火朝天地在墩龙瑶寨上演了。我有缘成为千人长桌宴中的一个食客，早早地，就一头醉进去了。

瑶家屋围拢的宽大空地上，木头长桌一行行排开。穿瑶族服饰的女儿家，马不停蹄地把一张张大大的芭蕉叶铺排在长桌上当桌布，好环保，好创意，好生态。

风轻轻地一吹，一排排长桌绿浪翻飞，再配上如芭蕉叶颜色一样的凳子，整个人犹如在绿海森林中穿行。张开嘴，鼻子吸一吸，清香，清香，还是清香哟，撩得整个人儿心旌摇荡。有顽皮的游客，甚至拿起芭蕉叶当小伞，玩遮太阳的游戏。

很快，太阳西沉，天上的月亮悬挂高空。四周混合着芭蕉叶的凉风，一缕一缕地殷勤送爽。又是风，又是月亮，真正是好一番“凉风有信，夏月无边”。

绿浪翻飞的长桌上，一个个土陶碗，次第摆开。瑶家自酿的米酒，装满一个个大桶，任何客人，都可以随意倒，随意喝。

喝，要喝得尽兴，吃，当然更要吃得尽兴。相信，就算你是一个对美食的触感有些迟钝的人，当瑶家姑娘用竹簸箕端出美味的刹那，一定也会像我一样做出这样的动作——两眼放光，不停地掏手机拍拍拍，然后是——猛吃，猛吃！

竹簸箕，圆圆的，底部垫着一层绿绿的芭蕉叶。花生、玉米、地瓜、芋头等农家四宝，随意地散落在芭蕉叶上。还有九种瑶家土菜，分

桑叶包瑶家糯米白糍

桑叶芋茸卷

绿水金桑

别盛放在荷叶、桑叶、竹筒里，错落有致地围摆在竹簸箕的芭蕉叶上，堆砌得犹如一件充满乡野气息的艺术品。

两片荷叶，弯成碟。一个荷叶碟，盛着的是荷香四宝饭，底是绿的，饭是红白黄相间，让人看得食欲涌动。另一个荷叶碟，盛放着金黄色的桑叶芋茸卷，这可是地地道道的瑶家尝新美食哟，脆脆的卷里面用桑叶包裹着芋茸，桑叶的香混合着芋茸的香，脆香脆香的，一边吃，一边不停地咂嘴巴。

五个圆竹筒，分别盛放上汤桑叶、桑菇煮瑶家土鸡、瑶家牛皮酥、红烧土猪肉、蒜蓉观音菜。还有剖开一半的长竹筒，盛放农家合菜，里面除了花肉和油豆腐，还有瑶山土生土长的豆角、丝瓜、蒲瓜等小菜。

特别喜欢的，是桑叶包的瑶家糯米白糍，因为包装得太有艺术感啦。放在桑叶上的糯米白糍粑，弯弯的，两头尖，像小小的船儿，像弯弯的月儿，上面还撒着点点的芝麻。抬头望一望天空，感觉糯米白糍粑就像天上那弯弯的月牙儿，点点的芝麻就像天上一闪一闪的星星，桑叶就如蓝蓝的夜空。心中忍不住哼起了那首舒缓的《小小的船》：弯弯的月儿小小的船，小小的船儿两头尖，我在小小的船里坐，只看见闪闪的星星，蓝蓝的天……

此刻，山间的天空，也正是“闪闪的星星，蓝蓝的天”，而我正在这唯美的夜空下，端坐在绿浪翻飞的长桌前，吃那“弯弯的月儿小小的船”一样

采桑

的桑叶包糯米白糍。荷叶香、桑叶香、竹筒香，氤氲缭绕，熏得身心香香的。

看身边的千名食客，也是一个个都在埋头勤吃，嘴巴，咂巴咂巴，吃得很香很香。

此时此刻，心神皆醉，忍不住从心底摇摇晃晃出那么一句：“瑶山美食，就是落在山间的一首诗哟！”

发现没有？竹簸箕上的10种美食，其中桑叶包瑶家糯米白糍、桑叶芋茸卷、上汤桑叶这三种都与桑叶有关。这就对了，这次墩龙瑶寨的千人生态长桌宴，就是以桑叶制成的瑶家美食为亮点的。当时，千年瑶寨和连水墩龙瑶寨正在同时举办“2018年连南瑶族自治县第四届瑶族尝新节·桑叶美食节”，当天有上千老广人，从广州赶到了连南，一起参加桑叶尝新美食节，共享瑶族长桌宴桑叶美食。

用芭蕉叶当桌布，用竹簸箕当菜盆，用土陶碗喝酒，还有瑶族姑娘唱山歌、跳舞助兴，让上千老广人重返生态饭桌。这舌尖上的美味，真真是一场难忘的生态盛宴。

好吧，再介绍一下民俗节庆“尝新节”。每年农历六月六为连南瑶族传统节日，瑶民摘早熟的粮食、买肉、磨豆腐过节，盘王庙祭神，庆祝一年丰收，祈盼五谷丰登之际与人分享粮食，因由食物而起，尝新节又是美食节。

不负光阴，不负美食，不负大自然的爱！他们将勤劳得来的食物，落进自己心里，也落进他人的心里，一年年，化成山间的一首首诗，素朴，纯美，让人神往不已。

莎腰妹热情唱敬酒歌

开唱节：涉水背爱健步飞，月照山头歌对歌

“会说话就会唱歌，会走路就会跳舞！”

连南瑶族人，能歌善舞是出了名的！他们似乎天生就是舞蹈家、歌唱家，歌不离口，舞不离人。闻名世界的名曲《瑶族舞曲》就诞生于连南，火得一塌糊涂，那真不是盖的！

如果，你要欣赏能歌善舞的瑶族人，如何从日出唱到日落，如何从明月东升歌又起，一直唱到月照山头歌对歌，那就请到连南的开唱节来吧！

开唱节，顾名思义，意思就是尽情舞蹈，尽情高歌，尽情宣泄！

注意啦，“尽情”这两个字，或许你会觉得惊奇：为啥一连用上三个“尽情”？那是因为封歌封舞了一段时间，心发痒，手发痒，脚发痒，喉咙发痒，全身都发痒。一旦可以唱歌可以跳舞，每个人身上的歌舞情绪都仿如洪水般，决堤而出，蔚为猛烈，蔚为“尽情”。

绵延了千年光阴的瑶族节日习俗“开唱节”，于每年农历七月七举行。话说，从每年农历三月三“开耕节”进入农事大忙季节开始，瑶族各排各寨会封歌封舞。等到了农历七月七，耕种大忙暂告一段落，于是瑶族各排各寨即日起就会解封歌舞，青年男女可以进村过寨唱歌跳舞，互诉衷情，谈情说爱，直至次年的农历三月三日，歌停舞停，新一年的农事大忙季节又开始。

年复一年，封歌封舞，解封歌舞，轮番出现，每每一到了农历七月七解封歌舞，瑶寨里的男女老少，身着节日盛装，聚集到山坡上梯田边。“先生公”上香、诵经、叩头、跪拜，感谢祖先神灵。当传统

浪漫的“涉水背爱”

祭祀仪式后，瑶族长鼓舞、瑶家酒歌等一系列富有浓郁瑶族风情的歌舞便轮番上演，他们将压抑了几个月的情愫，通过粗犷、豪放的歌舞，尽情地释放，尽情地倾诉，尽情高歌对美好生活的憧憬。

玩得最疯狂，唱得最嘹亮的，是年轻的阿贵哥和莎腰妹。大山中成长的阿贵哥莎腰妹，天生一副好嗓子，他们隔着九寨梯田，“讴莎腰”对唱情歌，莎腰妹手中的“格洛堂”风车呼呼地转响，如果喜欢上哪个阿贵哥，她们就会将呼呼转的“格洛堂”主动送给心仪的阿贵哥。

梯田内，早已放满水，波光粼粼，照着雄心壮志

捉鸳鸯鸭

木排放歌

的阿贵哥和莎腰妹。他们正在参加涉水背爱人抓鸳鸯鸭比赛，游人也可以报名哟，正相爱着的男女朋友，不妨到开唱节玩一玩这种浪漫的游戏哟，用速度证明爱有多深。看！雄心壮志的阿贵哥，用矫健的身躯背起心爱的莎腰妹，健步如飞，跑过灌满水的水田，爱的水花在梯田内四溅，浓烈的感情也像比赛一样，冲向终点，一直幸福下去。就算"马失前蹄"，与爱人扑入泥田，两个泥花脸，你看着我，我望着你，笑得欢乐满满，也绝对羡煞旁人。

夕阳西下，乘上木排，他们到大麦山九寨河内的木排上欢歌。以前，交通不便，木排是最主要的运输工具，如今道路通达，木排水运已成为历史。阿贵哥、莎腰妹站在木排上，以歌传情。木排在青山绿水的画卷上穿行，清澈见底的河水，陡峭的石壁，围观的宾客，一起见证千年历史中传承不变的歌舞爱情，也见证着瑶族林耕文明的历史变迁。

爱，大声"说"出来，这还不够味；爱，要大声"唱"出来，唱出瑶族儿女，对爱情的梦想与追求，对爱情的坚贞与守望，唱得满山坡、满梯田、满河岸的人都知道，这才够浓烈。从"月上柳梢头，人约黄昏后"，唱到"月华如练"，点起火把，一起摸呀摸田螺，"讴莎腰"嘹亮的情歌对唱，继续在梯田上演，像丝带一般的月亮光华，绕着阿贵哥的心，绕着莎腰妹的心，不眠不休。

开唱节，从日出唱到日落，从明月东升唱到月照山头，歌对歌，绵绵延延，绵绵延延……

稻田鱼节：稻鱼共生味鲜香，徒手抓鱼笑哈哈

美味稻田鱼

一张荷叶，七八条香煎的金黄色小鱼，嘴巴儿齐齐朝向碟子中间；碟子中间，有一小团紫白相间的糯米饭。金黄与紫白搭配，色泽养眼。鱼香飘飘，饭香飘飘，直让人垂涎。

这道菜菜名起得颇有韵味，叫“鱼米之乡”。

有鱼，有米，这道菜很形象生动地道出了两者的关系：共生。

在哪里“共生”呢？——在稻田里呀！

稻田里也能养鱼？——能呀！稻田鱼又叫禾花鱼呢，因为稻谷抽穗开花时，鱼会把飘落的禾花当食物，令鱼吃起来有着淡淡的稻花香。

喜抓稻田鱼

哪里有稻田鱼吃？——山清水秀的连南，不仅可吃稻田鱼，还会举办稻田鱼节哟！

9月，金秋时节，稻花飘香，一年一度的连南“稻田鱼节”就会热闹上演！自2014举办首届“稻田鱼文化节”开始，到2019年已成功举办了六届“稻田鱼文化节”。

三江河畔，成百上千的人群，卷起衣袖裤脚，站在收割后的梯田旁，一声哨响，涌进水流满满的梯田，一场田间徒手抓稻田鱼比赛正式开场啦。小小的稻田鱼在水中游来躲去，卷起衣袖裤脚的人群，手忙脚乱地东奔西抓，扑腾得衣衫湿漉漉，全身泥泞不堪。有的为了抓住小小的稻田鱼，更是毫不犹疑地“英勇”倒地。

“抓到啦，抓到啦！”兴奋的叫声此起彼伏，整个田间充满了欢声笑语。捉鱼人的身上泥泞不堪，脸上却喜笑颜开。能徒手捉到稻田鱼的，绝对是个“猎鱼”高手了，看来“猎鱼”高手还真不少呀。有连南朋友说，他年年都参加田间徒手抓稻田鱼比赛，第一年一条也没捉到，但他喜欢这种欢声笑语的田间游戏和田间氛围，第二年又接着参加，终于抓到一条稻田鱼了，

稻田鱼

鱼跃人欢

后来每年参加，都有抓到两三条。他还笑哈哈地总结说：“捉多了，熟练了，手也巧了，收获也多了。”

当然，对很多人来说，要徒手捉住一条这么小的稻田鱼，也许还是件不那么容易实现的事。那也不要紧，还有规模浩大的万人“鱼乐”活动呢，可以用桶呀，盆呀，捞网呀，肆意在水田中捞捕，保准不会空手而归。

烤稻田鱼

稻田鱼捉到了，你可买回家，或者去食店加工，煮汤鲜甜，焖烧嫩滑，香煎呢，就做成一碟“鱼米之乡”，那是一种很文雅的吃法。但此时此刻，最过瘾的，却是豪迈又山野的吃法——烧烤。

把捕捉到的鱼，直接用竹子夹着，架到火堆上烧烤。和城市里的煤气或管道气烧烤不同，连南烤稻田鱼是直接用柴火烤熟的。这样用天然柴火烤出来的鱼，更加鲜嫩，皮脆而不焦，肉质滑嫩，再配上当地瑶族人调制的蘸料，香气四溢，吃得嘴角留香，满足不已。

除了吃鱼，还有很多欢乐的稻田鱼“鱼乐”活动，比如，有稻田泥浆拔河比赛、以渔会友钓鱼比赛、渔舟唱晚、渔灯祈福、稻田鱼啤酒派对等丰富多彩的节目，音乐、美食、良景，真真好一幅众乐乐的瑶山渔趣图。

如果你不想众乐乐，那也可以选择独乐乐。去大坪镇的大古坳村和大掌村、涡水镇的大竹湾村牛角冲，有山有水有梯田有古老瑶寨，可以饱景，可以饱腹，还可以寻觅到稻田鱼为什么如此鲜美的答案。

我曾和敏红美女一起去过大坪镇的大古坳村，这是连南稻田鱼的产地之一。

大古坳村在800米的高山地上，四周是层层梯田环绕。很多梯田里都会留有一个小鱼塘，小鱼塘上接着一根竹竿，水从竹竿汩汩流进池子。大古坳村村民说，那是用来养稻田鱼苗的小鱼塘，村里养稻田鱼的每家每户都有一个小鱼塘。原来，每年11月，稻谷收割得差不多时，每家每户便将特地留下来的“胀肚鱼”（产卵鱼）放进小鱼塘里作为鱼种，等到第二年6月初开耕时，再将孵化的鱼苗放回稻田里养，让稻田鱼与稻禾，相伴共生。

稻田鱼与水稻，相伴共生，这种独特的稻田养鱼，是连南“八排瑶”千百年流传下来的颇具民族特色的耕养方式。相传很久以前，为躲避战乱的瑶民，在易守难攻的半山腰依山而建瑶居，山上耕种不便，勤劳的瑶民在半山腰开辟梯田种植水稻。潺潺的高山水长年流淌不息，从上至下流过梯田，让稻田有了活水，山冲里的野生鱼随着水流进入稻田里，于是，瑶民们充分发挥自己的聪明才智，开始投放鱼种在稻田里，由此形成了稻田养鱼的耕养方式。这一种耕养方式，沿袭至今，这不仅是瑶族人民在岁月长河中生活的沉淀，更体现了他们的勤劳聪慧。

稻田鱼以本地鲤鱼为主要品种，兼养鲫鱼。山区地势高，天气寒冷，只能种一季稻。每年6月初，插下秧苗，待一周后秧苗长稳，瑶民便开始往稻田里放养鱼苗，利用高山流动的山冲水养殖（俗称冷水田）。在鱼的生长过程中，稻田里从不施用任何化学合成的农药和肥料，因为稻田提供杂草、虫和稻花给鱼吃，鱼又能为稻田清除杂草和病虫，达到鱼和稻谷相互促进生长的最佳效果，因此养出来的鱼特别鲜美，稻谷也更醇香。

秋天，稻谷金黄熟透的时候，正是捕捉稻田鱼，品尝稻田鱼美味的最佳时节。每当这时候，走进大古坳村，便会看到这样一种让人垂涎三尺的美景：

瑶民在稻田的中间挖开一条沟，水往沟流，稻田鱼也跟着水流往沟里游去，三四指宽不足半斤重的稻田鱼，一抓一个稳。把捉到的稻田鱼，剖开洗干净，用盐腌一下，架在柴火上烧烤，当鱼香气洋溢时，一家人便围在一起，开开心心开吃稻田鱼大餐啦。

盘王节：情也舞起来哟吙，爱也跳起来哟吙

“三天，放大假，过盘王节啦！”每年一到11月这段时间，连南的同学，就会这样开心地告诉我，声音都是笑出来的。

好吧！我唯有极其地羡慕啦！

连南，居住着众多的瑶族同胞，一年到头，有数也数不清的欢庆节日，如，玩坡节、开耕节、尝新节、开唱节、稻田鱼节……最后一个是盘王节，也是整个县城每年最大型的一个庆典节日，全县人民放假三天，整个县城，乃至南岗千年瑶寨、油岭千户瑶寨等各大瑶寨，都是一片欢乐的海洋。

盘王节，到底是怎样的一个节日，为啥会那么隆重，那么热闹？

一个动人的节日，往往有一个美丽的传说。好吧，让我们先来看看传说。

相传，在远古的年代，瑶胞乘船漂洋过海，遇上狂风大浪，船在海中漂

出歌堂

盘王出游

了七七四十九天还不能靠岸，眼看就要船毁人亡。这时，有人在船头祈求始祖盘王保佑子孙平安。许过愿后，风平浪静，船很快就靠了岸，瑶人得救了。这天是农历十月十六日，恰好又是盘王的生日，于是，上了岸的瑶民就砍树挖成木碓，把糯米蒸熟舂成糍粑。尔后，大家唱歌跳舞，一起庆祝瑶人的新生和盘王的生日。从此，瑶民就把农历十月十六日这一天定为“盘王节”，祭祀始祖盘瓠（盘王）。每逢盘王节到来，又适逢秋收的日子，瑶族男女老少都要穿上节日盛装聚会在一起，唱盘王歌，跳长鼓舞，祭祀始祖，庆祝丰收。

也有另一种传说，每年十月十六日是盘古王婆诞生的日子，由于传说中造出谷米的是盘古王婆，所以秋收后五谷归仓，“丰收节”也就选定在盘古王婆诞生的日子举行。

其实，不管农历十月十六日，是盘王的诞辰，还是盘古王婆

盘王出游

千年瑶寨千鼓舞

油岭歌堂坪

千年瑶寨千鼓舞

的诞辰，这时候五谷归仓，瑶民庆祝丰收，还愿酬神，祈求保佑平安，风调雨顺，来年丰收。也因此，1700多年光阴过去了，盘王节这个活动，已经深深地注入了瑶族人的灵魂之中，在瑶族世代相传，一直隆重无比。

节日期间，瑶寨里，家家户户，鸡鸭酒肉、豆腐糍粑，应有尽有，热闹又美好。寨子里，敲锣打鼓，吹响牛角，瑶族男女老少穿上节日盛装，每一个瑶族人的脸上，都洋溢着幸福和满足的笑容。他们抬着盘王走村串巷，巡视田地。据说，盘王巡视过的村寨和田地，来年能国泰民安，风调雨顺。最后，将盘王请到歌堂坪，进行盛大的耍歌堂。

瑶族先生公

耍歌堂，是盘王节的重头戏。穿着盛装在歌堂坪耍歌堂的瑶民们，会依次进行“师爷舞”“出歌堂”“过州舞”“长鼓舞”“瑶歌对唱”“演唱盘王歌”“法真表演”“追打黑面人”等表演活动，热闹欢快，其乐融融。而且，年轻的阿贵哥、莎腰妹，还可以谈谈情说说爱，人生之美，幸福之爱，就此甜蜜上演。

三江县城呢，也是一派歌舞升平。每年“盘王节·耍歌堂”艺术盛会都会在连南顺德文化广场隆重开幕。《梦回瑶山》《流淌的歌谣》《瑶族舞曲》等极具瑶族风情的歌舞表演，唱响县城的天空，唱进了人们的心窝里。

就像经典音乐《瑶族舞曲》，百听不厌，越听越爱一样，盘王节，就是瑶民们心中永远的经典节日，光华流转，越爱越深，正如“盘王节·耍歌堂”以民歌唱《瑶族舞曲》里的歌词——“篝火点起来，芦笙呜哩吹起来，山也哟吹舞起来，水也跳起来哟吙，火把亮起来，歌声悠悠飞起来，情也哟吙舞起来，爱也跳起来哟吙……执手勤劳作，迎来好光景……”

情也哟吙舞起来，爱也跳起来哟吙，执手勤劳作，迎来好光景！美好的愿望，在县城的歌声中飞舞，在瑶寨的耍歌堂里跳跃。那首唱了千年的《盘王歌》，在山风中飘荡，飘进瑶人的心，暖融着一年沉甸甸的丰收与期盼；那个跳了千年的长鼓舞，在山野里奔放，奔进瑶人的家常日子里，春夏秋冬，红红火火，甜甜蜜蜜。

法真表演

瑶族风俗

讴莎腰：对对歌谈谈情，新婚三日新郎新娘不许同房

月亮当空挂，夜风轻轻吹，田间虫鸣啁。瑶家青年男子阿贵哥们，顶着星光和月色，举着火把，赶着山路，来到自己喜欢的莎腰妹窗前，“讴莎腰”对歌。

瑶语中，“讴”是“唱”之意，“莎腰”指姑娘，“讴莎腰”，意思就是以唱歌的方式和姑娘谈情求爱。这是流行于连南瑶族的一种自由恋爱的传统婚俗，通过“对歌”自由选择自己的心上人。

如果不会唱歌，就很难娶到老婆，所以瑶家阿贵哥早早就练就了一把好歌喉。每当瑶家莎腰妹年方十八，晚上即有喜欢她的阿贵哥上门唱歌求爱。其实，“讴莎腰”这种谈情说爱的方式，在耍歌堂、玩坡节等也会上演，但节日和耍歌堂毕竟不常有，因而在瑶家青年男女之间，最盛行的还是晚上阿贵哥们到莎腰妹家窗前对歌谈情。甜蜜的情歌细语，常年在瑶寨飘荡来飘荡去，这成为瑶寨夜间最独特、最温婉、最动人的一帧美景。

送嫁

好日子

阿贵哥们“讴”莎腰妹，“讴”得坦坦荡荡，向姑娘倾诉自己对她的爱慕之情；被“讴”的莎腰妹，亦是大大方方。如果无意，莎腰妹便默不作声地从窗口传出火把，其意是，虽然谢绝了求爱，但也希望这位阿贵哥不要气馁，请拿起这火把照路，去别处再觅姑娘谈情求爱。如果莎腰妹对唱歌的阿贵哥有情意，即隔着窗儿，开口和他对唱，一唱一和间，双方不仅倾诉了心中的爱慕之情，也了解了各自的身世和对未来人生的抱负。

一番“讴莎腰”，双方情意合，莎腰妹送阿贵哥绣花锦袋红头巾，阿贵哥回送莎腰妹银簪银手镯。信物在手，男方将自己谈妥的对象转告父母，经过订婚、认

瑶族好姐妹

瑶女出嫁

亲，再由“先生公”择定婚期，静候婚礼佳期的到来。

待到莎腰妹出嫁前的一天晚上，一场奇特的与炒黄豆相关的通宵唱歌会开始了，只不过这一次不是和自己即明天要嫁的心上人一起唱歌，而是和以前对过歌、谈过情的阿贵哥，以及要好的姐妹们，在自己待嫁的闺房唱歌。在唱歌前，待出嫁的莎腰妹会先亲手炒好黄豆，大家一边吃吃炒黄豆喝喝浓茶，一边唱分别歌，互相祝福，一直唱到天亮，才依依分别。这种分别歌，唱得既动情，又感伤。

以一场炒黄豆告别了过往，莎腰妹要出嫁了。结婚当天，一大早新郎官就拿上猪肉、豆腐、米粉、米、油、鸡、酒、盐、利是等前往新娘家送礼。这里有一个有趣的礼品“盐”，小小一包盐，也当作送亲礼品相赠，这的确让人感觉有些奇怪吧。据说，这和瑶民从前的生活有关，因为在山区生活，

送嫁路上

盐巴非常稀缺，物以稀为贵，于是常把盐巴当作进入婚姻殿堂的一份贵重之礼相赠。后来生活好起来了，但这种婚礼赠盐巴的习俗仍沿袭下来，一直沿用至今。

新郎官与新娘家人寒暄一番后，新娘也装扮一新，正式出嫁了。送嫁队伍一路闹腾，瑶寨处于半山腰，小溪多，小桥也多，每当过溪过桥，新娘都会撒撒娇，新郎自然也是爱妻心切，甜甜蜜蜜地背新娘过去。

当送嫁队伍到达男方瑶寨路口，新郎家派出的歌手早已备好米酒，准备举行迎亲对歌。那场面真是够豪爽的——双方每唱一首歌，就要喝一碗酒，围绕着婚事，互相表示敬意，唱上大半个小时，送嫁队伍才能进入山寨。到了新郎家门口，由“先生公”在门口念过“避邪经”，点过鞭炮之后，新娘才被接进新郎家。

婚宴开始，宾主尽欢，喝到高兴处，又是一番对歌，男家感谢女家养大姑娘，结成亲家，女家却谦逊说女儿年轻不懂事，敬请亲家爱护帮助，然后齐齐赞美新郎新娘，互祝新婚夫妇永结同心，白头偕老。

喜宴间，有个非常热闹、奇特的洗脸认亲仪式，这可是婚礼的一场“重头戏”，掀起了婚宴的高潮。此时，新娘端上一盆水，由新郎母亲带领，逐个地端水给新郎的亲戚们洗脸。亲戚们洗了脸，便以调侃的话语向新娘进行自我介绍，并赠送认亲钱，唱祝愿

瑶族新娘

歌，祝福新郎新娘和睦相处。整个认亲仪式充满欢声笑语。当洗脸认亲高潮过后，男女双方亲戚又会相互敬酒，唱送别歌。

“久旱逢甘霖，他乡遇故知，洞房花烛夜，金榜题名时”，这是古人所说的人生四大喜事。但瑶族人的花烛夜，却不洞房。不仅花烛夜那天不能洞房，新娘嫁到男家三天之内，新郎都不准进新房，不得与新娘同房。这三天晚上，送嫁妹会在新房陪伴着新娘。

腰妹窗前魅影多

三天之后，新郎带着鸡、酒等礼物，陪同新娘一起回娘家，俗称“回门”。在新娘家，敬过祖先、长辈，拜过新娘父母，即日返回新郎家。至此，才开始同居，开启真正的夫妻生活。

很深的一个印象，瑶族人家，从谈恋爱，到举行婚礼，都是不停地对唱。整个感觉下来，不会唱歌，“讴”不到莎腰妹；不会唱歌，娶不到莎腰妹；不会唱歌，一场婚宴都热闹不起来。怪不得，瑶家儿女，个个自小都练成了唱歌绝技呀。大城市的帅哥们，一边羡慕一边戏谑说：“就我们这把不着调的嗓子，在瑶寨里，肯定只有一辈子打光棍的份了！”

就是这么让人艳羡哟！连南瑶寨里，每一个女人家，都是声音甜美好听的“百灵鸟”；每一个男儿郎，都能飞出天籁之音。爱，在歌声中，飞过来飞过去，开出了花，结出了果，花艳果甜，艳艳的爱，甜甜的情，在百里瑶山绵延无尽，灿烂无期。

“坐”一回轿，走向另一个世界

生老病死，是人生必经的自然规律，每个人都会有离开尘世的一天。

当离开尘世之日，一场葬礼，就成为人生仪式中最后也是最为隆重的礼仪。

连南瑶族流行出殡坐灵椅的独特葬礼。如果你见过连南排瑶的葬礼，一定会对其中的两个意象有着很深刻的印象，一个是“灵桥”，一个是“灵椅”。

当瑶族死者告别人间后，其子女会立即为死者理发、洗澡、换新衣，然后把死者移到“灵椅”。所谓“灵椅”，就是瑶族人家专供抬死人的背靠木椅。接着用稻谷草绳和红布把死者绑好，

瑶族黑色油纸伞

阴阳两用庇护伞

固定成坐立的姿势，并安放于厅堂旁，随即到村头鸣鸟铳报丧。死者的相关亲属闻讯后纷纷来吊唁，用铜铃、项圈等装扮“灵椅”上的死者。

先生公这时会很忙碌，忙着做法事诵经，让孝男孝女凭吊一天一夜。算好时辰，出殡时，在“灵椅”两旁捆上两根长竹杠，再在“灵椅”上扎好一把张开的黑色大油纸伞。

这种黑色大油纸伞，很多游客都见过，就是耍歌堂时，身穿节日盛装的瑶族妇女手中撑的黑色油纸伞。有些不同的是，耍歌堂的黑色油纸伞上吊着用红黄白绿青五色绒线串起的白翎毛，而“灵椅”扎着的，则是一把素素的黑色油纸伞。

对于瑶族人来说，这种黑色大油纸伞，一直是瑶家人心目中神圣的阴阳两用庇护伞。带孩子出门劳动，把油纸伞往地上一插，将孩子往伞下的竹椅上一放，张开的油纸伞为孩子遮挡风雨和烈日，便成了小孩的呵护神。待上了岁数的老人逝去，出殡时在“灵椅”上扎一把张开的黑色大油纸伞，目的是为死者遮太阳挡雨，不要让死者头顶青天。

插着黑色油纸伞的“灵椅”，由子孙女婿们抬着，由先生公和手持竹幡的女性亲属引路，出殡队伍浩浩荡荡起行。竹幡上挂着一条十几丈的白布，女性亲属肩搭白布成一字队列，表示为死者架天桥通往阴间。瑶寨本来就筑在半山腰，十几丈的白布在山腰上飘动，仿佛一座白色“灵桥”正通往天堂，让人肃穆。

出殡沿途，撒下纸钱，燃放鞭炮，鸣放铳炮，唱“哭丧歌”。“坐”一回轿，在亲人的哭丧中，走向另一个世界。先生公还会为死者做“过州”仪式。过九州时，在地上插九支竹子，先生公口念“九州经”，绕着竹子间隙穿行而过，其意是为死者灵魂通往阴间开辟一条道路。“过州”仪式结束，出殡队伍便开始缓缓前行。

在山腰上走了九曲十八弯后，送殡队伍到达墓地。孝女给死者卸冠梳头，孝子孝女们在棺材内铺上色纸、白布，并用三只碗铺成枕头。一切准备就绪后，孝子们把死者从“灵椅”上解下来，小心翼翼背进墓坑的棺材内，仰身平放，然后放上各种随葬品，盖棺掩土，再将张开的黑色油纸伞插在坟上，燃烧纸钱香烛祭奠一番。当晚，主家摆设酒宴款待送葬的人，以表谢意。

至此，在我们平常人的思维中，葬礼算是完满结束了。

但是，瑶族人在举行葬礼后的三天内，每天早上还会由死者的子女或有关亲属前往坟头为死者送饭，以示孝顺。而在油岭瑶寨，每月逢初一和十五，还要给死者送饭，直到春节才终止。孝顺虽然耗时耗财，但瑶族人认为，只有死者吃饱安宁，才会有生人的幸福安康，才会有子孙后代的人丁兴旺。

“瑶”窕淑女爱绣花，浓妆淡抹总相宜

如果问我，最喜欢瑶族的哪一样东西？

我会毫不犹疑，脱口而出：斑斓的服装，斑斓的刺绣。

因为瑶族服饰斑斓得实在太过艳丽，所以，每次一回连南，我总是喜欢穿上瑶族服装，拍拍美照。也巧，虽然每次穿的款式都不一样，但无一例外的是，色泽都无比秾丽。穿在身上，往田野一站，红艳艳的身影，红艳艳的心情，锦绣年华，大体都是这么美的吧。

如果你想看看这红艳艳的锦绣，到底有多震撼人，那就请在节庆的日子，到连南来吧。

一年四季，连南瑶族的节日，玩坡节、开耕节、尝新节、开唱节、稻田鱼节、盘王节……一个接一个上演。每一个节日，瑶民必着斑斓的盛装，瑶

“瑶”窕淑女爱绣花

多彩瑶饰

缤纷瑶族服饰

寨里，山坡上，田野间，全都是五彩斑斓的身影，置身其中，就像是置身于靓丽的时装舞台，不同的是，站在时装舞台上的是千挑万选的模特和演员，而此刻盛装的瑶民，每一个都是模特，每一个都是演员，游走在瑶寨里，奔跑在山坡上，欢跳在田野间，红光闪烁，叮当作响。

男人们，头包红巾，髻插雉鸡翎和五色纸花，肩披刺绣披风，配挂银色圆形的铝牌，脖子上套数个项圈；下身裹上刺绣各种图案的围裙，腿缠红色绣花绑带，全身上下红彤彤，身背鸟枪或长鼓，显得潇洒英俊，威武神气。

女人们，更是浓装艳服。已婚女子头裹绣花头帕，未婚少女髻缠串珠，插满钗簪、白色鸡绒毛，脖子套银圈。她们全都穿上彩色绣花

过山瑶头饰

耍歌堂的盛装妇女

慈母

衣，裹上彩色绣花筒裙，腿缠绣花绑带，全身上下红彤彤，手擎吊着用红黄白绿青五色绒线串起白翎毛的太阳伞或五彩缤纷的风车（“格洛堂”），显得婀娜秀丽，娇艳无比。

红，是男女盛装的主色调。对这种颜色的选择，与瑶民常年居住在深山密林里有关。以前刀耕火种的年代，野兽常出没，先民为保人身平安，就以象征“火”的红色服饰来保护自己。久而久之，以红为主色调的颜色，便成为深受瑶民喜欢的服装，一直沿袭到今天。

与红相对的，是男男女女的头上，都插着白色的鸡绒毛与野雉羽。瑶民都是好猎手，他们喜欢把森林中打猎得来的鸟类羽毛作为头饰，也经常喜欢用家里所养白色鸡的鸡毛作为头饰。

说到鸡毛，我就想起20世纪70年代末，三江河堤修筑大会战，离河堤只有两三百米远的梅村，家家户户都住进了不少从山上下来帮忙筑堤坝的瑶族同胞。当时我们家养着两只雪白的大公鸡，尾巴上的鸡毛又白又长，瑶族同胞很喜欢，天天缠着我爸要白鸡毛，并且还说愿意花钱把鸡毛买下来。后来，我家大公鸡尾巴光秃秃的，那漂亮的白鸡毛全都插到了瑶民的头上。免不了感叹一番，任何人都抵挡不住对美的向往呀。

盛装，不仅红，还斑斓多姿，这和瑶族自古“好五色衣裳”有关。《广东新语》记载：“盘瓠毛五彩，故令瑶姎徒衣服斑斓。”五色即是赤、青、黄、白、黑。这句话的意思是说，为了纪念盘王，因而教授族人用五色刺绣各种花纹图案。难怪瑶族服饰会被誉为“好色衣裳”“斑斓衣裳”，这含有对先祖的纪念，沿袭传统，代代相传。

当然，这衣裳能“好色”又“斑斓”，还与瑶家女子有关。注意到了么？男女盛装，几乎从头到脚都以五彩斑斓的绣花图案装扮起来。这些绣花图案就是整件盛装的“眼”，而能把衣裳之“眼”绣得斑斓多彩的，非得有一手漂亮的绝活。

每个瑶家女子，都有一手漂亮的绣花绝活。对我们来说，一个人能不能嫁得好，可能可以给出各种各样的理由。但对瑶家女子来说，理由极其简单，且只有一个——绣得好，才能嫁得好。“莎腰妹（少女）爱绣花，不会绣花找不到婆家。”瑶寨的这句俚语，就是对“绣得好，才能嫁得好”的最好注解。

对瑶家女人来说，刺绣是她们的终生手艺。少女时期，学习执针引线；青春岁月，爱情撞进了心窝，窈（瑶）窕淑女开始精心绣花袋、香包，给情人做定情物，爱情就在精美的一针一线中荡漾开来。爱情开花时，要绣备嫁衣，那是出嫁时的嫁妆，绣出了精美锦绣，也就嫁得个有情郎。结婚后，继续给丈夫

刺绣的瑶族老人

瑶绣传承

和孩子绣衣绣帽，这是一个贤妻良母的标志。年纪大了，守在火炉堂，一针一线教女儿们刺绣，爱的光阴，家的温婉，瑶民的历史与习俗，就这么在一针一线中得以代代相传。

我曾经在连南三江县城的广东瑶族博物馆看到一幅《排瑶刺绣迁徙图》。迁徙图由马头纹、草坪纹、河流纹、人群纹、森林纹等数十种不同的瑶族传统图案组合而成，反映瑶族祖先骑着骏马越过原野、穿过森林，漂洋过海，最后来到连南这块美丽热土定居的历史。没有自己文字的瑶民，却通过刺绣的花纹图案，保存历史，承载历史。

锦绣盛装，色彩斑斓，雍容华贵，一般是在盛大节日或有喜事时才穿戴的服饰。喜事与节日，虽然一年四季都会上演，但毕竟不是人生的常态，所

一针一线总关情

以，平日里瑶民都穿相对素色的一身蓝黑。别看只是一身黑蓝，色泽素朴，但却很有些小心思的，袖口和裤脚往往都会绣上一小圈细碎的花边图案，让整套衣服显得跳脱，也添了几许的靓丽，穿在身上，舒服大气，淡雅素静。

锦绣盛装，一身黑蓝，就像大文豪苏东坡的那句诗“浓妆淡抹总相宜”，那都是极好的两种状态。偶尔雍容华贵，常常淡雅素静，这大体就是人生本该有的样子吧。而聪慧的瑶族女子，把人生都绣进了衣裳，一生相伴，甚为美好。

无论春夏，还是秋冬，走在瑶寨，你都能看到这样一种温婉的场景：一个个瑶家女子，无论是在家里，还是串门，均带上针线，稍有空闲，便席地绣花，绣了一段又一段的锦绣时光。

我曾经见过至美的一个绣花风景，那是在下雪天的油岭。空地上燃起一堆柴火，浓浓淡淡的烟，随风，静静地向四处飘散。两个瑶族女子，穿着素朴的一身蓝，静静地坐在火堆旁，坐在雪地中。她们，摊开靛蓝布，举起彩色线，一针一线地绣了起来。烟，袅袅地，绕到她们的手上，她们灵巧地，把日常的幸福渴望，把瑶族的历史烟云，一同绣进了锦绣的方寸之间。

从阿贵哥、莎腰妹开始，进入善变的时光隧道

早年，在连南民族中学读书时，我是一个住校生，由此也认识了高低年级班的不少瑶族同学，他们的名字，起得简洁明了，诸如“唐一贵”“盘三贵”“唐二妹”“房四妹”“邓五妹”之类的，朗朗上口，非常容易记。

唯一有些让人发晕的是，名字中的一、二、三、四、五、六之类的数字太多，偶尔也会把“一贵”“三贵”、“四贵”、“二妹”“四妹”、“五妹”弄混淆，闹些小笑话出来。呵呵呵，当时我还笑说，阿贵阿妹情意长，名字都很有情窦初开的样子。阿贵阿妹们，都忍不住笑了。那笑容，有点羞羞涩涩，却又透着一种青春年少的光彩照人，美极了！

瑶族男女一生要变换好几次名字

美丽的莎腰妹

帅气的阿贵哥

时光如白驹过隙，青春焕发的年华，终究飘然而去。再见当年一起读书的“一贵”“三贵”“二妹”“四妹”“五妹”们，他们名字中曾经出现的那些“贵”呀，“妹”呀之类的字眼，早已经不见，而是后缀上了许多五花八门的字眼：男的有叫bie（音“别”，字体为：上面一个父字，下面一个正字。字典里没这个字，这是一直以来只有语言没有文字的排瑶人独创的唯一一个文字），也有叫“公”的；女的有叫“莎”，有叫“尔”（音：“妮”），还有叫“婆”的。

那些阿“贵”们的新名字，写下来就是：“唐一bie”“盘三公”。但是，那些阿“妹”们的名字，却让人发晕了，有些甚至连姓氏都改了，越看越糊涂。

我问，咋变得那么复杂了呀，当年认识你们的时候，还觉得阿“贵”阿“妹”名字好简单，如今如果光看名字，仿佛都不认得你们似的，你们都变了全新的一个人呀。

他们笑哈哈说，叫阿贵阿妹的时候，人生很青春很浪漫呀，那时我们是小伙子是姑娘家，正单身着呢；如今早告别了单身的岁月，结婚，生子，甚至当爷爷奶奶了，人生都已经三四级往前跳了，人名当然也是要变化了呀！

这下，终于才稍微明白，善变——就是瑶族人名的有趣特征。大体说来，他们的一生，要三四次变换自己的名字。

青春年少，风华正茂，叫阿贵哥的男儿郎，与叫莎腰妹的女儿家，眉来眼去，谈情说爱，喜欢着的日子，爱恋着的时光，阿贵哥英姿勃发，莎腰妹柔情似水。

金秋季节，是开始收获一年劳动成果的美好季节，也是阿贵哥莎腰妹们收获爱情果实，走向爱情殿堂的吉祥时光。田里金黄的稻穗收割完了，红红的篝火映红了山寨，喜乐声、酒歌声不绝于耳，一场繁复的婚礼过后，英俊的阿贵哥和柔情的莎腰妹，开始了你侬我侬的新生活。

俗话说，嫁夫随夫，这一点尤其在瑶族女儿家的名字上体现得非常生动和明显，她们不仅名字改变，甚至连姓氏也要换掉。比如说，如果房二妹嫁给唐四贵，那么她婚后的名字就要改夫家的名字，变成了“唐四莎”。“莎”，即瑶语“妻子”之意，意指出嫁了还没有生小孩的女子。

阿贵和阿莎，恩恩爱爱过日子。不久，第一个孩子也很快出生了，三口之家的幸福人生也开始启航了。这时候，丈夫唐四贵的名字，就变成了“唐四bie”。bie（音“别”），上面一个父字，下面一个正字，表示当了父亲的你已是一家之主，要独自撑起一片天了。而此时的妻子“唐四莎”，名字变成了“唐四尔”。“尔”，音同“妮”，意为生了孩子的妇女。

与子偕老

好了，在阿bie和阿尔的细心呵护下，孩子很快长大成人了，接着也结婚组建小家庭，又很快生下小宝宝啦。这时候，添了孙儿孙女的阿bie和阿尔，荣升为爷爷奶奶了，他们的名字也噌噌噌地跟着“变”，“唐四bie”变成了“唐四公”，“唐四尔”变成了“唐四婆”。阿公阿婆，虽然皱纹爬上脸，却开心地笑得合不拢嘴。

阿公阿婆，会越来越老，如果有幸见到曾孙子曾孙女，当了祖父祖母之后的他们，那就会变成“唐四黄公”和“唐四黄婆”，这样的人生也太完美啦。

当越来越老的他们，离开人世后，又会有新的法名。嘿！越说越复杂了，咱们还是先弄清楚他们“善变”的今生就好。

好不容易，终于了解了阿贵哥和莎腰妹的名字善变的“庐山真面目”，不免有些沾沾自喜——原来，排瑶人的名字善变，是随着不同年龄或生育状况的变化而变化的。

可是，沾沾自喜没几天，我在吃瑶家牛蹄时，新认识了一个瑶族朋友，他那冗长且不知所云的名字，又让我在风中零乱了好一阵。

他叫“唐英罗亚土地山五bie”。我以为这是他的笔名来的。但他很骄傲地说：“才不是笔名呢，这是我的正统的瑶族名字。”然后，他很热情地给我解释了一通：“唐”，是姓氏；“英罗”，是一个大房（大宗族）的名；“亚土”，是小房（宗支，祖父名）；“地山”是他自己的名；“五”是他在兄弟姐妹间的排序；“bie”是辈分，代表他已结婚，并育有孩子，当了父亲。

祖孙情

原来，排瑶平日多用简称，简称一般包含“姓氏+排序+辈分”，就像我读中学时认识的“唐一贵”“盘三贵”“唐

乐开怀

喜悦

二妹”“房四妹”“邓五妹”的瑶族同学，名字朗朗上口，非常容易记。但他们还有传统的完整名字。这全名，有着独特的命名制度，包括姓氏、房族名、祖父名、本人名、本人出生排序、性别、婚姻状况及子女状况等内容，这个全名随着人生进入结婚、生育等阶段会做出改动。实在不得不佩服，排瑶人的全名，都如此的高大全，涵盖了血缘、家族、家庭、排行、性别、子孙情况等特征，让人一目了然：一个人的家族家庭地位，如何在其姓名中得到清晰生动的反映。

巧的是，听完了“唐英罗亚土地山五bie”的骄傲解说，我去瑶山路溜达，遇见一个上了年纪的瑶族女子，她背着个小孩子，身上红红的瑶族刺绣好亮眼。我欢喜得眼睛都挪不开。看我那么入迷，她很大方地说：“你要喜欢，就慢慢看慢慢拍。”我举着手机拍拍拍，她一直笑得很开心。我问她名字，她张口说姓房，犹疑了一下，接着说叫“房一妹”。

也许，她是想对我说长长的全名，但又怕我不明白，所以犹疑了一下还是选择讲了个简单又易理解的名字“房一妹”给我听。其实，这也挺好呀，理解瑶族人一生如此善变的名字，本来就要从还没有变之前的“妹”呀“贵”呀开始，才能真正进入他们的名字善变的时光隧道。

山腰上的瑶寨，柴门寂寂黍饭馨

连绵百里瑶山，崇山峻岭深处，排瑶依山建房，聚族而居。远远望去，山寨里密密麻麻的低矮房屋，次第排开，仿如悬挂在山腰上的一幅壁画。走入村寨，一条条石板巷道，弯弯绕绕，穿寨而过，阳光碎落一地，把影子留

千年瑶寨

给山寨，把岁月留给山寨。

岁月里的风，岁月里的雨，或许可以磨损山寨当年的风光，但山寨里的一砖一瓦，会收藏着风雨岁月的痕迹与故事，历经百年千年万年，依然飘荡着一种令人迷醉的人文气息。

山城连南，有很多瑶寨，最有名的，要数千年瑶寨、油岭古寨、三排老寨。其中，千年瑶寨位于南岗村，也叫南岗瑶寨；油岭古寨，最多时有房屋近900幢，1000多户人家，因此素有“千户瑶寨”之称；三排老寨则在镇政

三排老寨

府周边，交通便利，在20世纪90年代初，是连南县第一个开放旅游项目的老村寨。这三个瑶寨都集中在三江县城西南方向的三排镇，至今瑶寨里的众多房子，还保存着原始的风貌。

三个瑶寨，石板巷道，纵横交错，很原始很粗粝。每间屋顶上都有用瓦片累叠起来的图案，这是一种姓氏的标志。瑶民一看，就知道这家人姓什么了，谁和自己是同姓了。探亲戚，先看看屋顶的图案，这也怪风趣的。

屋顶，各有各的美图案；房子，自然也各有各的风格啦。

千年瑶寨，青砖砌墙，黑瓦盖顶，气度不凡，透着明清风格的古典美，一排排顺着山势，错落有致地排列在半山坡上，密密排排，极为壮观，依稀可见穿越千年盛极一时的辉煌。

油岭古寨，土坯为墙，杉皮盖顶，或是木棚为墙，杉皮为顶，挤挤挨挨在800米高的山腰上，往往前面房子的屋顶还会和后面房子的地面一样高，层层叠叠，古风盎然。

三排老寨，灰瓦盖顶，墙是很独特的泥墙，微微地透出一种黄。瑶民们就地取材，用木头固定，倒入山野泥土，一层层压出了严严实实的泥墙。如果在阳光灿烂的日子，走过三排老寨，一堵堵染上阳光的泥墙，溢满金黄色，整个老寨变得很亮眼很亮眼。

就地取材的三个瑶寨的瑶民，还喜欢用木材搭起上下一起向前挑出的如同吊脚楼一般的楼台前廊，于是，一条条的寨中小路，便从家家户户的前廊间穿过。瑶民们在门前廊下的空地上堆放柴火、生活用品与镰刀、锄头等生产用具，可以喂鸡喂猪，甚至连喝酒、吃饭、冲凉都在走廊里，风来雨来，都全然不惧。而对于游客来说，从这家前廊穿过那家前廊，太阳猛时，可以随意找到有遮阳之地；风雨来了，也可以很随意地找到避雨之地，真真贴心得很。

屋内的风景，是瑶民饮食起居的地方，当然更贴心得很。十几二十平方米的面积，中间是厅，左右两侧是厢房和“火炉堂”。火炉堂不仅用来做

油岭冬韵

饭，也是招待客人的“客厅”，瑶人认为这里是火神的圣地，所以用来待客以示尊敬。如果想象不出火炉堂长啥样子，可以到千年瑶寨的瑶王屋看看，那里还保留着很原始的瑶山火炉堂。没有文字的瑶族人，喜欢在火炉堂边，一边唱瑶歌，一边刺绣，一边和孩子们说说祖先历史。火炉堂堪称是瑶族人家教育子女传承文化的一个温暖场所。

小而温暖的，不仅在火炉堂内，还在于那个小小的窗户。

说来好玩，一开始看到家家户户的墙上都有一个三角形的小“洞”，我还真不清楚是什么来的，因为实在太小，只有四五寸宽、一尺见长，所以我就只好用了个词语“洞”来形容。后来才弄明白，原来这是窗来的。

一个窗，咋做那么小呢？难怪房间里的光线都极其暗，这多不方便呀。但当地人说，这是先民经过选择而留下的生活智慧。瑶寨地处高山，从前的生活比较艰苦，暑天没有蚊帐，寒日缺少棉被，窗小就有利于驱蚊防寒；深山雨水多，雾气大，湿气重，窗小有利于妇女坐月子；崇山峻岭，野兽常出没，战事也不断，窗小有利于防野兽以及防御外敌。任何事，都很难两全其美，这小小的窗户，绝对是一个生动的印证。

时光穿越千年，不少瑶民已陆续离开老寨，迁进新村，但千年瑶寨、油岭古寨、三排老寨这三个古寨，依然有不少瑶民执着地生活在那里。走入古寨，你依然可以看到唐代诗僧贯休所描绘的那幅诗意美景“柴门寂寂黍饭馨，山家烟火春雨晴”——柴门一片寂静，屋里米饭香喷喷，农家炊烟袅袅，春雨过后天放晴。

溜达在这幅诗意美景中，经常还会看到穿戴着混合服饰的瑶民：红头巾裹头，穿着现代T恤，挎着彩色瑶袋。山寨的瑶民，也还会讲一口流利的普通话，不止年轻人会讲，六七十岁的瑶民，也有不少人会讲。

炊烟袅袅，柴门饭馨。人间烟火的故事，仍继续在山腰上的瑶寨上演着。他们珍爱着过往的田园风尚，但对山外吹来的风情，他们也一样热情地接纳着。

山腰上的瑶寨，为啥能一直让山里山外的人都流连忘返？你要寻找的答案，或许就在眼前。

弯弯的月儿小小的船，谁坐在船上洗呀洗澡澡

弯弯的月儿小小的船
小小的船儿两头尖
我在小小的船里坐
只看见闪闪的星星　蓝蓝的天……

一听到瑶族人说起从前如何洗澡的传统时，我脑袋就迅速冒出这首《小小的船》。

《小小的船》是叶圣陶先生写的一首儿童诗，以优美的语言，形象的比喻，描绘出了一幅奇妙的夜景图——月儿是小小的船，谁正坐在船上看着蓝蓝的夜空和闪闪的星星。这首歌后来谱成曲，成为一首流行歌谣。

我心里老想着，能歌善舞的瑶族山民，坐在“船”上洗澡时，也许会唱过这首《小小的船》吧，尤其是小孩子洗澡的时候，柔柔月光下，或许也曾经唱得满心儿柔情吧。

好奇了吧？在“船”上洗澡？难道那“船”，真的是像弯弯的月儿一样么？

其实呀，那洗澡的“船”，并不像月牙儿，而是长条形的，是用单根树干挖空而成的。先把一根大树砍下，大约预留一米五六左右，剖开，把树里面挖空，再在边上挖个小洞，用布包好木塞塞住，留待以后放水。长条形中心空的一截木头，放在家门

口，远远一望，真是好像一只独木舟似的。

夕阳西下，月亮升起，瑶族山民忙完一天活儿，吃过晚饭，一家人便轮流开始洗澡了。

用木桶提上水，倒进挖空的独木舟。尔后，光着身子，人坐进去，整个人溺进水里，脑袋枕着独木舟。看到这里，是不是想起了现在的浴缸？那就对啦，瑶族人都爱说——那是在独木舟里泡澡。

这泡澡的环境，当真优美呀！山风轻吹，虫鸣幽幽，抬眼望天——月儿弯弯，星星闪闪，天空蓝蓝，一切都如此的纯美，纯净！

天上，弯弯的月儿，小小的船儿两头尖；地上，瑶族山民，坐在独木舟上，泡呀泡澡，水滑滑，心暖暖。调皮一点的孩子，哗哗地搅动着“船”里的水，弯弯的月儿被惊飞得碎了一船的光晕。

姑娘家就多少有点害羞了，所以基本上等家里其他人都洗完了，她们才会洗。这会儿，山静，月清，姑娘家轻解衣裳，柔曼的身子溺入独木舟，一头柔柔的秀发，随意散落舟边。月亮如轻纱，柔柔地拂过姑娘家的秀发，缓缓地漫进独木舟。此时此刻，天上一个月亮，地上一个月亮，天上的月亮在水里，水里的月亮在天上，姑娘家就坐在月亮里，一双素手，搓呀搓，洗呀洗。月亮儿，静静地看呀看，害羞得都泛红晕了哟。

星星闪闪，月色弥漫，水声如歌，搓洗掉了一天的劳累的姑娘家，拔掉舟边的木塞，任水汩汩地流呀流。水流声去，洗濯得一身香香的姑娘家，入屋，依窗，等待那个前来“讴莎腰”的阿贵哥，对呀对山歌！

从前的瑶寨，受简陋的生活条件限制，用茅草建房，很窄很小，因此家里都没有冲凉房。家家户户都是上山砍了大树，挖空，做成小木舟，放在家门口前，用以洗澡。

那时就算有电灯，也是泛红晕低功率的灯，很多人家常用的还是煤油灯，月亮就是全寨子里最天然的灯！

每当月亮升起之后，整个寨子的男女老少，都会陆陆续续，光着身子，伴随着月光的光亮，坐在家门口的小木舟里洗澡。把用桶提上来的水，倒入小木舟，洗完后，拔掉木塞，把水放掉，另一个人接着再洗。

如果碰巧有村人走过，都会很自然地打声招呼“在洗澡呀”，然后就若无其事走过去了，就算手里拿着电筒，也绝不会有谁拿电筒对着洗澡的人照来照去。

随着生活改善，这种坐在木舟里的传统洗澡方式，渐渐消失了。但这种“以月为灯，以木为舟”的洗澡画面，流经岁月长河，却成为永远不会被遗忘的一帧光影记录。

耍歌堂：歌舞升平，世俗美好

梯田的风景，见多了，春天波光粼粼如魔镜，夏天稻苗青青绿浪摇曳，秋天稻浪金黄翻滚着凡·高黄。但是，我从来没有见过，在稻谷收割后的冬天，在农历十月十六日前后的这个特别日子，能美得像连南瑶山这样独特的梯田风景。

农历十月十六日，是属于瑶族人的独特节日——“盘王节”。盘王节又称跳盘王，相传瑶族祖先盘王的生日就是在农历十月十六日，每年到这个时

南岗耍歌堂

南岗耍歌堂

候，恰巧也是瑶山收获的时节，为纪念祖先和欢庆丰收，瑶家便于这天前后会聚一堂，举行耍歌堂活动，男女青年可趁机谈情说爱。对此，《广东新语》就有很生动的记载：“岁仲冬十六日，盖田野毕也，诸瑶至庙为会，名曰耍歌堂，男女集跳舞唱歌。同时自由结婚，礼仪简单。”

2018年11月18日（农历十月十一日），我站在连南油岭古寨山脚下的梯田，穿着雨衣，撑着花伞，冷风呼呼，冷雨飘飘，人冻得发抖，但眼睛朝高高的山上眺望，却满怀期待，写满了诧异和惊叹！

高高的山上，一群群身着盛装的瑶民，衣着艳丽，像披着满身霞光，聚拢在一块，如五色祥云。突然，三声土铳炮响，旁边的瑶族朋友大喊一声：“出歌堂啦！”只见，烟火缭绕间，浩浩荡荡的歌堂队伍，由祭仪的主持者“先生公”带领，罗伞、竹幡队（双手擎举着带枝叶的“幡竹”，幡竹上吊着

号角吹起来

玉米包、稻穗、花纸条、彩绸丝带，寓意“五谷丰登”）、长鼓队、牛角队、铜锣队、唢呐队、歌舞队、小孩队等，他们抬着祖先的画像，背着新收获的苞谷米酒，扛着长矛、大刀、鸟枪等武器，背着长鼓，吹着牛角，敲着铜锣，鼓角喧天，一路载歌载舞，缓缓地朝山脚梯田走来。

出歌堂长长的队伍，在梯田的田埂间蜿蜒，他们像一条彩色游龙，从远古的山脉走来；他们像是五线谱上的音符，晃动着，跳跃着，谱写着属于自己的独特瑶歌；他们像是画家，在曲曲折折的田埂山路，一绕，一走，用双脚画出属于自己的美丽图画。

脸上写满了惊讶的游客，站在梯田里，盼呀盼，看呀看；着彩色服装的瑶民队伍，像一道道彩色霞光，飘过层层田埂。那种画面，景中有景，景中套景；那种感觉，很唯

盛世歌堂之挂红祝福

瑶乡盛会

美，我脑中“嗖”地一下，冒出了卞之琳的《断章》，便成了——你站在梯田里看风景，看风景的人在田埂上看你。

大半个小时过去了，盛装的队伍，终于缓缓进入山脚平整大块的梯田，“歌堂坪”到了。歌舞动人的耍歌堂盛宴一幕接一幕地开场了，有怀念祖先迁徙到瑶山的艰苦历程的“过九州”，有“排瑶艺术之花”的长鼓舞，有追打妖魔邪恶的“三怪”，有纪念英雄的法真表演……历史风烟滚滚，表演环环相扣，让人目不暇接。早在2011年，耍歌堂已正式列入国家第一批非物质文化遗产名录。

印象最深的是过九州表演。过九州是怀念祖先迁徙到瑶山的艰苦历程，相传排瑶的祖先迁徙到连南时，一共过了九州十府，历经千辛万苦，“过州舞”因而得名。在歌堂坪上插竹签，签上用色纸写上雍州、道州、荆州等标

志，竹签每隔两米插上枝，呈方块形，由族长、先生公摇着铜铃，念着经书在前开路，接着长鼓队、牛角队、铜锣队、歌舞队等排成长龙，围绕着竹签（州府）转来转去，每个州府都绕转九周，好比古代战争行军列阵，十分壮观，有种地动山摇的感觉。

最热闹盛大的是跳长鼓舞。阿贵哥盘着红头巾，头上插着白雉翎，迎风招摇，煞是英武；莎腰妹颈系银圈，头盘用野薏米串成的珠子，身着绣有绚丽花朵、纷飞彩蝶的红艳艳服装，颇为娇艳。在锣鼓声中，阿贵哥莎腰妹翩翩起舞。

跳着跳着，有情有义的阿贵哥和莎腰妹，借此机会向心仪之人一诉衷肠，进而便看见有不少成双成对的男女，携手坐到田埂边，走到山坡上，莎腰妹一边拨弄“格洛堂”，一边唱歌。“格洛堂”很好看，经风吹时旋转。

瑶族歌堂（组照）

瑶族银头饰

“格洛堂”在回响，阿贵哥莎腰妹的爱情在温馨地演绎着；一群群阿贵哥莎腰妹，一场接一场，激情地跳着长鼓舞；田畴边，还有上了年纪的阿公阿婆阿bie阿尔，在烧火烤玉米煮东西，喝酒聊天。歌舞升平，世俗美好。

一场耍歌堂，其实，就是一场来纪念祖先、追忆历史、喜庆丰收、崇拜英雄、谈情说爱、会亲结友等娱乐活动于一体的民间盛会。大地是舞台，梯田是歌堂坪，铜锣叮当，牛角嘟嘟，长鼓梆梆，瑶民们尽情地、跳尽情地唱，演绎着属于瑶山的漫长烟云历史，演绎着属于瑶民的世俗美好画卷。

附记

瑶族耍歌堂仪式活动主要分："出歌堂""过九州""追打黑面人""法真表演""乐歌堂"几个环节，环节仪式各不相同，环环相扣，热闹非凡。

出歌堂：瑶民穿着节日盛装，抬着盘王、盘母和各房姓祖先雕像，擎着竹幡，吹着牛角，敲着铜锣，跳着长鼓，舞着铃铛、宝剑，在先生公和瑶老的率领下，浩浩荡荡，遍游山寨大街小巷。游神之后，人们集中在歌堂坪，举行多姿多彩的文化娱乐活动。

过九州：是耍歌堂活动的一项重要仪式。瑶民在歌堂坪插上九排八十一枝金竹，代表宜州、青州、梁州、润州、寅州、荆州、辰州、道州等。由先生公率领，游行队伍舞着刀剑，摇着铜铃，唱着瑶经，围绕着"九州"转来转去，活像盘龙游荡，甚为壮观。其意义是纪念祖先迁徙瑶山走州过府的艰苦历程，重温民族历史。

法真表演：相传，法真当年率领瑶民抗击剿瑶的官兵而英勇牺牲。排瑶人民为纪念他，每逢耍歌堂都要挑选一名最英俊的青年扮演，抬着他游行，列队鸣枪放炮，向他致敬。

追打黑面人："黑面人"代表邪恶势力，挑选两三位跑得快的人扮演，他们涂黑脸庞，手提一块猪肉到处乱跑，随后有瑶民举着刀枪追赶。这个节目反映了排瑶人民驱除邪恶势力，追求美好生活的愿望。

冬比冬比冬冬比，挨汪嘟啰！

如果问这样一个话题：你对连南，最深的印象是什么？

——长鼓！相信只要去过连南，你一定会给出这样的一个答案。

当然，我的答案也不例外。

例外的是，我还会回答——汪嘟！挨汪嘟！

一进连南的地界，撞进眼帘的，一定少不了两端呈喇叭状、中间细长的长鼓！

加油站的柱子，是红红的长鼓；沿街的灯柱，是红红的长鼓；高大上的广东连南瑶族博物馆，正前门是与长鼓造型的湿地生态公园为一体的《瑶族舞曲》音乐广场，馆内大堂是一个硕大的长鼓；绚丽如烟花般的南门桥，张

舞动长鼓

小鼓手

扬着一段耀眼斑斓的长鼓路……还有，不管你去哪一个旅游点，上山坡，下田野，你目之所及，都绝对少不了长鼓。

当然，最温馨的，是瑶山路，那一排多彩的长鼓柱，撑起长长一段骑楼，人行走在骑楼下，可以躲避风雨侵袭，可以躲避炎阳照射，温暖又贴心。

每次回连南，我特喜欢一个人漫步瑶山路，有雨飘来，有阳光暴晒，都不用撑伞，心神皆舒舒服服，温温润润。也就是在这舒服温润的光景里，我曾经看到了一个温馨无比的画面：一对瑶族新人，正在瑶山路一家酒楼举行婚宴。新郎、新娘都穿着瑶族盛装，新娘的头饰，色彩缤纷，金银闪亮。也恰巧，新郎、新娘正站立在长鼓柱旁迎宾，虽然他们身上没有背长鼓，但他们甜美的笑容，开心的笑声，仿佛让人能感觉到长鼓舞的独特旋律——冬比冬比冬冬比，从长鼓柱飞奔而出，幸福敲起来了哟！

舞起来哟（大麦山）

最耀眼的，是顺德文化广场前矗立着的红艳艳大长鼓。这个大长鼓，高15米，鼓身细长，通体红色，彩绘着瑶绣图饰。绕着顺德文化广场周边的路灯柱子，是一溜细长的红艳小长鼓。走进顺德文化广场，时常会让人有这么一种恍惚感，好像是红艳艳的大长鼓，引领着红艳艳的小长鼓，正在欢快地——“冬比冬比冬冬比，挨汪嘟啰！”

长鼓，瑶话叫“汪嘟”；跳长鼓舞，瑶语则叫“挨汪嘟”。我一直觉得“挨汪嘟”好有乐感，叫起来如仙乐般好听。碰上节日，如果我正和瑶族同学聊天儿，聊没三两句，他们嘴里保准就会吐出“汪嘟”“挨汪嘟”字眼，简直就像唱歌一样动听。

长鼓，是瑶族文化中的一个重要元素，自古便有“瑶不离鼓”之说。据说，长鼓舞，是排瑶祖先隋唐时期迁徙到连南时一同传入，后来随着耍歌堂的兴盛而兴盛，成为连南瑶族生活中的一种喜庆舞蹈，至今已有1000多年历史。2000年，连南瑶族

长鼓夜鸣

自治县被命名为“中国民间艺术（瑶族长鼓舞）之乡”。2008年5月，瑶族长鼓舞被列入国家第二批非物质文化遗产名录。目前，保存较为完整的瑶族长鼓舞，有油岭排“歌堂长鼓舞”、南岗排“欢乐长鼓舞”、军寮排“团圆鼓”、大坪“十二姓鼓”等九种具有独特民族风韵的长鼓舞。

每逢农历三月三、六月六、八月十五、十月十六等传统节日，瑶族人必换上盛装，聚集到村前的广场或收割后的田野，吹响牛角、敲起铜锣，击长鼓而舞，以欢庆节日。那情那景，完全就如这两句歌词——长鼓不住敲，万民齐欢畅；自由幸福的太阳，高呀么高空照！

瑶族长鼓，鼓腹镂空，两端鼓面多数以牛皮蒙面，鼓身通常绘有彩色图饰。跳舞者皆用彩带将长鼓挂于左肩，横于腰际，右手以掌拍鼓，发出“比”声；左手持竹片，敲打鼓面，发出“冬”音；有节奏地连续击拍，便发出“冬比冬比冬冬比”的声音。跳舞动作，大多是反映瑶民的生产和生活内容，比如，斗鸡射箭、犁田种地、伐树运木、斗龙伏虎等，形象生动，富有生活气息。跳的人，跳得热火朝天；看的人，看得热血沸腾。

2018年11月17日，正值十月十六日瑶族“盘王节”前几天，我应邀回连南参加“第十届中国（连南）瑶族文化艺术节暨盘王节·耍歌堂活动主题晚会”，遇见了92岁高龄的作曲家茅沅先生，并有幸和他合影留念。在20世纪50年代，作曲家刘铁山在连南采风并创作出了《瑶族长鼓舞》，后经作曲家茅沅改编为管弦乐《瑶族舞曲》，成为中国民族乐曲经典之作，风靡全世界。因为这首曲，连南成了世人皆

本书作者潘小娴与作曲家茅沅先生合影留念

知的瑶族舞曲的故乡。当晚会响起经典的《瑶族舞曲》，在场的观众都热情地跟着哼唱起来。

第二天，前往油岭，那里正举行盛大的耍歌堂，我有幸目睹了一场壮观的长鼓舞。那天，穿着艳丽服装的男女瑶民，绕着层层蜿蜒的田埂而下，聚集到已收割过稻谷的一大块梯田里。虽然，天公不作美，寒风刮，大雨一阵紧接一阵，但在雨中，上百瑶民，围成圆圈，击鼓旋舞，气氛热烈，鼓声洪亮，好一幅让人热血沸腾的场面——长鼓不住敲，万民齐欢畅。对瑶民们来说，就算刮再大的风，就算下再大的雨，也阻挡不住他们自由幸福的脚步，欢快地跳呀跳！

当然，很多美好的事物，都会有一个美丽的传说，长鼓舞亦是如此。

传说，很久以前，瑶山上住着父子三人，老人临终前把家产平分给两个儿子。哥哥贪图钱财，把家产全部占为己有，弟弟冬比只好流浪在外，给人做工为生。盘古王的女儿房莎十三妹看见冬比人品好，下凡与他结为夫妻。冬比的哥哥很坏心眼，竟然想害死冬比，霸占房莎十三妹。盘古王帮助冬比击败了哥哥，并把房莎十三妹召回了天庭。临别前，十三妹告诉冬比，南山上有棵桐树，砍来做个长鼓，打上360个套环，等到农历十月十六那天（盘古王婆生日），踏环击鼓，跳上360个圈，就可以像鹰一样飞上天，与她团圆了。冬比按照十三妹的嘱咐，历经艰险，来到南山，找到桐树，做成了长鼓，并在约定的农历十月十六那天，肩背长鼓跳了起来。结局很美好——冬比飞上天，与十三妹团圆了。

后人为了纪念这对恩爱夫妻，每逢盘古王婆诞耍歌堂时，都要跳长鼓舞。从此，“冬比冬比冬冬比”的欢快鼓声，此起彼伏，一年年，响遍百里千里的瑶山。

汉族节日

闹元宵，上花灯，酿猪㮟菜，乐呀乐开怀

“火树银花合，星桥铁锁开”；“凤箫声动，玉壶光转，一夜鱼龙舞”；“听元宵，往岁喧哗，歌也千家，舞也千家”。唐代苏味道、宋代辛弃疾、明代王磐，他们笔下所描绘的元宵之夜，是我们最熟悉的景象了：火树银花，远远望去犹如星桥银河；明月流照，鱼龙灯飞舞；歌舞千家，笑语喧哗，灯火元宵闹。

正月是农历的元月，古人称“夜”为“宵”，所以把一年中第一个月圆之夜——正月十五称为元宵节。元宵节习俗自古以来就以热烈喜庆的观灯赏灯的习俗为主，因而处处火树银花不夜天。一句话，就是想多热闹就有多热闹，热闹之中，还有舞火龙等传统民俗节目表演。

在这热热闹闹的观灯赏灯之中，其中有一种“灯”，温暖又颇具民俗性。这种“灯”，叫“上花灯”。

连南汉族人中大部分为客家人，他们沿袭着客家民俗的传统习惯。客家人的“上花灯”习俗，实是各姓各族为当年新添男孩而举行的庆祝活动，意为向祖宗汇报，某家添了新丁。“上花灯”的日期一般是正月十五前后一两天。凡在节日前生男孩者，须到祠堂，上花灯，意示“添丁”。“上花灯”时，要置办猪肉、酒果，敬祖公及天地神明，隆重又热闹。

一生只有一次的“上花灯”仪式，那是属于男孩子的独特花式，热闹的是男孩子。但“偷青”这种民间风俗，却是男孩女孩都可以去玩，偷偷热闹

一番。元宵节晚上，小孩子结伴去别人家的菜地里，象征性地偷采一些蔬菜，偷蔬菜的人开心，被偷的人家也很开心，因为在这天晚上谁家的蔬菜被偷得越多，就表示这家人在村里越受欢迎。

酿猪乸菜

"上花灯"，"偷青"，元宵节这天，玩得很开心。当然，吃得更开心。

万家灯火元宵闹，一碗汤圆瑞气盈！元宵节一直寄托着团圆和美满的愿望，首先要吃一碗汤圆，让日子团圆祥和。现在吃汤圆，很简单，随时可以到商场买得到，但在旧时，尤其在乡村，汤圆都极难买到，因此吃汤圆并不普遍，我印象中，吃得最多的是冬粉糍。

每当冬至来临，连南基本家家户户都会囤些冬粉糍。先将糯米浸透，用石磨磨成极细腻的米浆，再将米浆用纱布过滤，挤出水分，使之变成湿润的粉浆，再连续在冬日暖阳下晒几天，板结成块，最后掰成小块块，收进瓦坛里存储。啥时候想吃，就随手拿几块出来，放到清水煮一煮，就是一顿熨帖的美味。

平常煮冬粉糍，可咸可甜，但到了元宵节那天早上，必定是甜的，放上自家酿的甜酒，还要再加上些白糖，一场甜蜜美满的元宵大餐，就从甜甜的冬粉糍拉开序幕了。我有时候想，也不知道是不是小时候吃多了甜甜的冬粉糍的缘故，弄得我现在的味蕾总是喜欢甜腻腻，面包要吃甜的，饼干要吃甜的，粥要吃甜的，汤要吃甜的……整一个"甜甜公主"。

吃过甜甜冬粉糍，就要开始忙活酿油豆腐、酿猪乸菜了。

"酿"，是一个客家话动词，表示"植入馅料"的意思，酿豆腐即"有肉馅的豆腐"之意，酿猪乸菜即"有肉馅的猪乸菜"之意。酿豆腐，可酿水豆腐和油豆腐，一般家庭还是喜欢酿油豆腐，因为酿油豆腐和酿猪乸菜，既可以当菜吃，又可以当饭吃。而我们家一到元宵节，最喜欢酿一大锅猪乸菜。说来，很多地方的客家人，只知道平常用来喂猪的猪乸菜，可以清炒来

酿水豆腐

吃罢了，而连南的客家人，却独创了酿猪㹻菜这一道美味。

酿猪㹻菜的糯米，母亲在昨晚就已经泡上，泡了一夜，此刻早已经变软了。父亲把猪肉、香菇、萝卜、葱等剁碎做馅料。哥哥则把糯米洗了又洗，沥干水，然后把糯米和剁碎的馅料加些油盐，用力搅拌均匀。姐妹们则到菜地里，摘些青翠欲滴、粗壮肥厚的猪㹻菜叶子回家，先用开水，焯过猪㹻菜叶，一则去除涩味，二则令叶子变软，像一块柔软的布。

一切准备就绪，一家人说说笑笑，围坐在桌边，拿起一片片柔软的猪㹻菜叶，把搅拌均匀的馅料放到叶子里，折好四边角，一个四四方方的酿猪㹻菜就做好了。我手笨，折来折去，总是折不像样，还常常把猪㹻菜叶弄出洞来，所以特羡慕母亲和姐姐们，手那么灵巧。很快，猪㹻菜就酿好了一大盆，层层叠叠放到大锅里，加水烧开，慢火细炆，一个小时后，酿猪㹻菜就大功告成了。

掀开锅，真香呀，赶紧装两个到碗里，也顾不得烫，吹一吹，张口就吃，软绵的猪㹻菜叶，入口即化；绵软的馅料，吸收了猪㹻菜的清香，更是香气馥郁。两个还吃不够，再多几个，结果，吃酿猪㹻菜，全都吃撑了。也因此，元宵节，在我印象中，仿佛就成了一个吃酿猪㹻菜的温馨节日。

前几天和连南同学聚会，恰巧店里有酿猪㹻菜，同学们都说，好久没吃酿猪㹻菜了，点上一碟。酿猪㹻菜上桌了，还没转一圈，就没了。同学们都说，实在太好吃了，再点一碟。结果，这场聚会，吃了什么菜，一点不记得，只记得有两碟酿猪㹻菜，清香四溢。

在怀旧成为这个时代的一种情绪、一个关键词时，很久以前吃过的酿猪㹻菜，适时地出现在餐桌上，成为怀旧风潮的一个小小的注解。元宵节的温馨，由此，也慢慢地氤氲眼前。

酿油豆腐

二月二，龙抬头，衣香花气熏人醉

暖风吹人醉！农历二月初二，阳气上升，大地复苏，草木萌动，正是作物播种的时节，农民们就要春耕了，进入一年伊始的忙碌，因此，二月二又称为“春耕节”“农事节”“春龙节”“龙头节”。此时，大地渴求雨水的滋润。而龙在中国文化里是主宰风雨的祥瑞之物，俗语里有“二月二，龙抬头”一说，即是寓意大地复苏和吉祥的象征。再加上农历二月初二正值“惊蛰”节气前后，天气渐暖，百虫开始苏醒，于是人们期望龙出来镇住一切有害的毒虫，亦是期望着丰收的好愿望。

为庆祝“龙头节”，以示敬龙祈雨，让老天保佑丰收，民间各地纷纷举行各种仪式，比如，杀鸡上香、祭龙祭祖先、膜拜耕牛、唱春牛等，寓意着

二月二，开启春耕

与传说中的龙一起抬头，而且还会大肆宴请宾客，吃别具一格的美食。

“二月二日……今人呼为龙抬头。是日食饼者谓之龙鳞饼，食面者谓之龙须面。闺中停止针线，恐伤龙目也。”清末的《燕京岁时记》记载说，农历二月二龙抬头，这一天燕京（现在的北京）有这样的节日民俗，妇女不能操做针线活，怕伤害了龙的眼睛，在饮食上也要有一定讲究，多以龙为名，吃饼名曰“龙鳞饼”，吃面条名曰“龙须面”，因为人们相信“龙威大发”，希望新一年有好兆头。这些习俗，都寄托了人们祈龙赐福，保佑风调雨顺、五谷丰登的美好愿望。

连南的汉族聚居地区，农历二月二，开启一年的“春耕”的模式，村落的“性子”也比较烈一些，喜欢轰轰烈烈地宣告全新一年春耕的开始。当天，鞭炮轰鸣，杀鸡上香，祭龙祭祖先，还有唱春牛活动。

唱春牛，是一种乡土气息浓郁的汉族民间歌舞，是农耕文化的一种产

田园牧歌

物。顾名思义，唱春牛就是以“春”和“牛”为主要表现内容的艺术活动，也叫“舞春牛”“打春牛”“跳春牛”等。每年开春之前，举行唱春牛活动，人们通过唱春牛，祈求来年风调雨顺、五谷丰登。

在三江县城附近的磨头岩村，还曾经有着这样一个习俗：家家户户都要有喂煮熟的鸡蛋给牛吃的仪式，以此表示犒劳牛的辛劳，感谢牛儿和农人一起辛勤劳作，创造出好收成。

只可惜，现在养牛的人很少了，唱春牛和喂牛吃鸡蛋这两个仪式，也渐渐地消失了。

可喜的是，吃这个习俗，还热火朝天地演绎着。

农历二月二这一天，三江县城附近的磨头岩村和雁塘村，中午和晚上都要大肆宴请宾客，鸡、鸭、鱼等硬菜少不了，酿油豆腐、酿水豆腐、酿猪㮟菜、酿三宝（酿苦瓜、酿茄子、酿辣椒）等客家风味菜也别具一格，既可以当菜吃，又可以当饭吃，可口纯香，吃得人人心儿美滋滋的，而一年的农耕，也就从美滋滋的餐桌开始，蔓延至忙碌的田头春耕了。

二月二，龙抬头，是其中的一种民俗。其实，春暖花开的二月二，还是古人春游踏青的一个重要日子。唐朝诗人白居易这样歌咏道：“二月二日新雨晴，草芽菜甲一时生。轻衫细马春年少，十字津头一字行。”晚唐诗人李商隐也有诗为证：“二月二日江上行，东风日暖闻吹笙。花须柳眼各无赖，紫蝶黄蜂俱有情。”古人在这节日里出游，“蜂蝶穿花绕柳，翩翩飞舞”，“身着轻衫牵着细马的少年徐徐走着”，春意盎然，浪漫无比。

“二月二龙抬头”作为民俗中的一个节日，虽然有些传统的文化内涵，已经从连南人的现代生活中淡化出去了。不过，对于古人所热衷的农历二月二踏青的浪漫与美好，却一直在连南人的生活中延续着。

山清水秀的连南，有很多踏青的美好景点，姓坪李园、月亮湾、猫公山、鹿鸣公园、天堂山……水绕青山，花开满园，山浪漫，水浪漫，人更浪漫——三三五五踏青行，衣香花气熏人醉。

四月八，大水发，求平安岁月美

“四月八，龙船透底挖”！每当说起农历四月八，人们都会想起这句耳熟能详的谚语。

每年到了农历四月初八，珠三角地区的乡村或龙船会，都会到埋龙舟的河涌，拿着舀水工具帮龙船排清污水和淤泥，协力将埋入河涌底的龙船起出水面，并择定吉日，举行请龙仪式，以示对龙的尊重，以及祈求事事顺利。

连南没有龙舟，但山清水秀的连南，有很多的水，水流缓缓急急，长流不息。虽然，四月八，连南并没有“龙船透底挖”，但是在连南，在农历四月八，也有着与水相关的独特民俗——四月八，是河鬼的鬼节，要拜祭河神。

连南有句俗语“四月八，大水发”。从前的三江河，河堤低矮，每逢暴雨，两岸河堤发大水，常常被冲垮几十处，给河边周围老百姓的生产与生活带来极大的危害，民间有谚语说“四月八，鬼杀杀”。

于是，在三江河两岸居住的人，每到四月八这一天，便会到河边，敲起锣打起鼓，燃放鞭炮，点燃香烛，举行拜祭河神的仪式，一是酬谢河神上一年保佑两岸居民日子安康；二是祈求新的一年河神能继续保护两岸百姓幸福安宁；三是祈求河神保佑自己的孩子去河边玩水的时候，不会有危险发生，能平平安安。

中华人民共和国成立以后，连南政府多次组织了强大的人力，投入巨大的物力，挖河通淤，筑堤修坝，牢固堤岸。如今，一河两岸，绿树成荫，灯光闪烁，成为连南最美风景地之一，白天黑夜都美得让人心驰神往。

堤岸牢固，美观大气，两岸居民的生产与生活，再也不会受河水的侵袭，从前祈求河神保护百姓幸福安宁的习俗，也慢慢淡了下来。不过，还是有些在河边居住的人家，固守着这种拜祭河神的传统习俗，如今三江河边、寨岗河边的居民，还有人喜欢过这个节日。但不同的是，以前人们是聚集到热热闹闹的河边拜祭，现在很多人是各自在家里安安静静地拜祭河神，希冀世代平安，现世安稳，日子过得一年比一年美。

从热闹，到安静，或许这是不少传统习俗衍变的过程。从中我们也可窥视到某些习俗的慢慢隐退，其实这正从侧面映衬出，时代进步给人们带来了美好生活。

而我对四月八这个节日的往事记忆，却是与牛有关。

虽然梅村离三江河也不过两三百米的距离，但是梅村的地势高，基本没遭受过滔天河水的灾害，村里自然没有拜祭河神的习俗，但有敬牛的习俗。“农历四月八日为‘牛王节’瑶区和汉区于此日在牛栏门口焚香烧烛、烧纸钱、割草饲牛，祈求牛只繁衍昌盛。”这是我在连南图书馆网站上看到的《连南民俗》一文中的一句话。

印象中，农历四月八这天，父亲会早早起来，到牛栏门口，举香拜祭。然后叫我们兄弟姐妹一起帮忙清扫牛栏，给牛洗刷身体，然后叫我们分头去割草回来给牛享用。洗刷干净的耕牛，一整天都处于休息状态，只管尽情地吃我们割回来的嫩嫩青草。

我们在牛栏门口，望着牛儿，牛儿咀嚼着青草，时不时“哞哞”地叫唤几声，神态很慵懒，也很满足。以前一直觉得下面这句话只适合用来形容我们人生的美好，而此时此刻，我们当真是觉得，对牛而言，其实也可以是如此美好的一幅画面——现世安稳，岁月静好！

五月五：包中香黍分边角，彩丝剪就交绒索

“包中香黍分边角。彩丝剪就交绒索。樽俎泛菖蒲。年年五月初。”

香黍，是什么呢？就是我们很熟悉的粽子呀。粽子古称“角黍”，传说是为祭投江的屈原而发明的。这首词很简单，大意是说，用粽叶包好的粽子有棱有角，还栓上五色丝线，非常好看；年年五月初五的宴席上，都放着青青的菖蒲叶，我们一起举起酒杯喝雄黄酒过端午。

宋代词人陈义的《菩萨蛮》这首词，展示出了古人热热闹闹迎接端午的风俗：包粽子，喝雄黄酒。而这两种习俗，从古到今，也一直在民间热闹地延续着。

连南人的五月五，自然也有着很传统的习俗气韵。连南县图书馆网页上有篇《连南民俗》文章，就这么介绍连南人过五月五的场景：“农历五月五日为‘端午节’，又称‘端阳节’‘天中节’‘五月节’，是汉族人的传统节日。俗有吃糯米粽子习惯，家家户户门口悬挂菖蒲、艾叶，屋内洒雄黄水。中午吃饭时，成年人要饮一杯雄黄酒，小孩在额头、心口处用雄黄酒划上红圈‘避邪’，以保平安。”

民间认为，五月五，五毒尽出，因此在民间传承下来的很多端午习俗都有辟邪与祛病的内涵。比如说，喝雄黄酒，是因为雄黄酒有杀菌驱虫解五毒的功效；在家门口挂几株艾草和菖蒲，是因为艾草和菖蒲都有特殊的香味，可用来祛病、防蚊、辟邪，保佑一家人平安健康。

印象深的，是端午节洗澡这些事。端午节的前两三天，连南三江城里满大街都是卖五月草、九节枫、野菊花等各种草药的，人们买了草药回家放着。到了端午那天，用草药煮一大锅水，家里每个人轮流用草药水洗澡，能

够去掉一身的霉运。所以，每当这个时节，连南的大街小巷，连空气都氤氤氲氲着浓浓的草药香。

村庄里的农人，农活多，有时也没空到山上采草药煮水。到了端午那天，不管是晴天雨天，家家户户的大人都会叫家里的小孩子到三江河里去洗澡。大人说，到河里把晦气洗掉，身体就不会长痱子，不会感冒发烧，一年都健健康康了。

民以食为天！最有趣的，当然是包粽子、吃粽子啦。“包中香黍分边角。彩丝剪就交绒索”——你看，宋代词人陈义不就在词中描绘了端午节包粽子的美好场面么。

一盆用五香粉和盐腌制好的五花肉，一盆浸泡过的黄豆，一盆浸泡过的白糯米，一盆洗干净的竹叶，还有一把长长的水草。

端午节包粽子

喷香的大粽子

一切准备就绪，包粽子啦！先放上四片粽叶，折成一个“斗”形，接着手指不停地分别在“斗”里放上黄豆、花肉，糯米，层次分明，黄白相间，煞是好看，尔后再把斗形的口封好，最后用长长的水草捆扎，很快，一只只棱角分明的五角粽子便包裹好了，虽然栓上的不是古诗词所写的五色丝线，而是长长的水草，亦是非常好看。

一二一，把簸箕上堆得小山坡一样的粽子，抬到厨房，满屋烟火缭绕。待用柴火把大锅的水烧开，再把粽子放入开水中，慢火炆三四个小时，五花肉和黄豆、糯米化为一体，混合上竹叶的清香，满屋子都香喷喷哩！迫不及待，拿出一个，吃上一口，味儿甘香，口感软滑。吃了一个又一个，把肚子填得饱饱的，把福气也填满了心里，因为粽子包成五角形，那是寓意五福临门哟！

不过，在人前，连南寨岗地区，这种“把肚子填得饱饱的，把福气也填满了心里”的幸福感，却是要延后一些时间了。

从前，每到五月节，寨岗人是不包粽子的。那是因为五月节时，稻子还没成熟，山区之地比较穷，缺米，根本没办法包粽子。他们基本上就只能采艾叶，放一点点米，做艾糍，打打牙祭罢了。等到秋天收了稻子，寨岗人于农历七月十四，家家户户会做粽子，一是用来还愿，还五月节没有吃上粽子的愿望；二是沿袭传统习俗，做粽子祭拜屈原；三是专门祭拜那些没有后代之人死后变成的游魂野鬼，请他们不要骚扰，让活着的人平平安安，过上好日子。

现今，生活好起来了，寨岗人也一直沿袭着这样的传统：五月节，包粽子；七月十四，也包粽子。一年可以享受两次“把肚子填得饱饱的，把福气也填满了心里”的幸福感满满的日子。

磨刀节：千山万山雨忽至，沾身也带英雄气

磨刀节！一看这节日名，颇具豪气干云的英雄气！

爱使大刀的英雄，是谁？估计很多人脑中晃出的第一把刀，该是青龙偃月刀吧。

青龙偃月刀是三国故事中最为著名的兵器。在小说《三国演义》中，青龙偃月刀为关羽所使用，书中描述青龙偃月刀重八十二斤，又名冷艳锯。宝刀配英雄，青龙偃月刀与关羽融为一体，关于它的传说，有“温酒斩华雄”“斩颜良文丑”“过五关斩六将”等，所以后世也称青龙偃月刀为关刀。

那么，磨刀节，与关羽，与青龙偃月刀，到底有啥关系呢？

“美髯公”关羽，忠义神勇。传说在宋真宗时，南海恶龙作怪，造成天下大旱。宋真宗求助于张天师，天师派关羽降妖伏魔。关羽苦战七天，降服了妖魔，真宗感其神力，封为“义勇武安王”。关公为了防止恶龙再犯，遂于每年农历五月十三日，必亲临南天门磨青龙偃月刀以示威。而关公磨刀需要水，传说其磨刀的用水从南天门处降下凡间，便形成了下雨的现象，所以这一天所下的雨被称为“磨刀雨”。

民间敬仰关公忠义神勇，护国佑民，逐渐形成风俗，定于农历五月十三日为“磨刀节”，俗称“关公磨刀节”“雨节”，既为纪念关公的忠仁义勇，同时也祈求关公显灵，逐魔消灾，普降甘霖，人寿年丰。

这一天如果下雨，民间认为，这是吉兆，并且雨越大越好，如果雷声隆隆大雨倾盆，这就预示着当年的光景必将是“风调雨顺，国泰民安”，非常具有农耕文明的特色。而人身上若淋了这一天的雨水，个个都更显英雄豪气，一如明代文学家袁中道在《五月十三日玉泉道中》诗中所写：“千山万山雨忽至，大珠小珠沸溪里。此是关公洗刀雨，沾身也带英雄气。”

鲜美的三江河鱼

连南也有一些村落在过磨刀节，大体是三江县城周边操四会语系的村落，如东塘、迴龙、新村、香花、岩石等村，都有过五月十三“磨刀节”的习俗。传说关羽被杀后，青龙偃月刀被东吴将领潘璋夺走，后来关羽的儿子关兴杀潘璋为父报仇，夺回了青龙偃月刀。因为这个传说，东塘等地潘姓的人以前不过此节，但中华人民共和国成立后也逐渐形成过磨刀节的民俗。

“磨刀节”当天，东塘、迴龙、新村、香花、岩石等村落的村民，都会上香拜祭，祈求关公保佑无灾无难，太平度日，财源滚滚。在民间，百姓不仅特别看好关羽的义气，也把关公当成“武财神”。每年春节，连南村落都习惯在家里贴门神，我记得我们家贴得最多的就是关公了。父母说，关公不仅神勇，还是财神，会带来财运。这其实也是民众赋予的一些美好愿望吧。

东塘村有个供祭关公的关帝庙，因为传说关羽红脸，村人俗称“红庙”。据东塘村的刚哥说，20世纪80年代村人在“红庙”上炸石后曾发现有一缸金银。后来重建“红庙”，如今每年农历五月十三，东塘村人都会带鸡和香烛纸钱，去“红庙”虔诚拜祭。此外，家家户户还会大宴宾客，应节菜肴丰盛，少不了鸡、鸭等硬菜，还有山薯汤、酿水豆腐、酿油豆腐等连南本土客家菜。

当然少不了的还有鲜美的三江河鱼河虾，那可是自己亲自到三江河捞到的鱼呢，这要颇费一番功夫了。话说我们连南山清水秀，水质清澈的三江河，野生着很多各种各样的鱼类。刚哥说，每年的农历五月十三前一两天的晚上，是他最忙乱的日子，晚饭后，拿起电筒和鱼篓子，去三江河捞鱼捞虾。刚哥说，月光下，很多鱼儿喜欢出来散步，往往一捞一个准。但是捞虾不能在月夜下捞，只有天越黑，才越多虾。有月光就捞鱼，没月光就捞虾，刚哥戏谑说，承蒙关老爷保佑，每年总能在三江河里捞到不少鱼虾。

待到“磨刀节”当天，清蒸鱼虾，清香四溢；美味相伴，人声鼎沸；宾主尽欢，共享太平。

鲜美的三江河鱼

汉族风俗

舞火龙：一场在火光和勇气中的美好祈福

东风夜放花千树，更吹落、星如雨。宝马雕车香满路。凤箫声动，玉壶光转，一夜鱼龙舞。

南宋词人辛弃疾的《青玉案》，展现出一幅满城灯火、满街游人、火树银花、通宵歌舞的元宵夜之盛景：满城五颜六色的花灯，多得如千树万树的花开，天上的焰火纷纷，乱落如雨；华丽的马车来来往往，醉人的香气弥漫大街小巷；悦耳的音乐四处回荡，走马灯在飞转，鱼形龙行的彩灯，彻夜在回旋翻腾。

“一夜鱼龙舞”！词里的最后一句写到了舞龙的盛况。北宋的副宰相夏竦，也曾在《奉和御制上元观灯》诗中写过舞龙的盛景：“鱼龙漫衍六街呈，金锁通宵启玉京。”鱼龙漫衍即是耍龙灯，北宋时过元宵节，街巷处处耍龙灯，首都汴京热闹得通宵不锁城门。

舞龙，在元宵节一直是最热闹的节目。民间认为，龙能行云布雨、消灾降福，象征祥瑞，用“龙”这个自古以来就是中国吉祥富贵的象征之物来祈求安康幸福，也表达了人们对生活的美好祝愿。所以，从古至今，以舞龙的方式来祈求平安和丰收，就成了全国各地的一种习俗。

连南的元宵节，自然也是少不了舞龙的节目。虽然同是舞龙，但辛弃疾和夏竦说的是舞龙灯，而连南人则是舞火龙。连南县图书馆网站上有篇《连南民俗》，写到“春节，又称过年，是瑶、汉族民间最隆重的节日”。文章同时还指出，汉族地区“春节至元宵，各地有舞狮、舞火龙、彩灯、唱春牛等民间文艺活动。”连南人认为，龙用火烧，火花袭人，可以烧除身上晦气，舞了火龙后可以趋吉避凶，来年事事称心如意。

火龙，最早是用稻草扎成的，里面用一根根木条支撑着。真是不得不佩服扎火龙的人，手工那么精巧，竟然能用田里的稻秆扎成几米长的龙头龙身形状。如果你白天看，觉得也不过是条平平常常的草龙的样子而已，但一到了元宵节晚上，用稻秆扎成的草龙，上面遍插点燃的线香，草龙变成了红色的游龙飞舞。

20世纪90年代，每年元宵节晚上，灯火璀璨的三江县城，热闹的舞火龙会如期上演。小伙子们敲锣打鼓，高举着点燃线香的火龙，走街串巷，进行巡游，意为“游龙引福”，给各家各户带来好运气。县城里的居民，听到敲锣打鼓声，就手里拿着线香，走出家门围观。

待火龙走到自家门前，早已拿着线香等候的居民，赶紧把线香点燃，插到草龙身上。连南人认为，把点燃的线香插到龙身上烧，可趋吉避凶，好运连连！于是，走街串巷越久，草龙身上的线香就越多，烟雾弥漫着街头巷

舞火龙现场

尾。舞火龙的小伙子们，从不惧怕线香火星落到手上脸上，他们挥舞着火龙，犹如腾云驾雾，随着有节奏的锣鼓声，时而屈曲盘旋，时而腾空飞舞，草龙变成了红色的飞龙，仿佛在烟雾缭绕的仙宫中飞舞。

如果是在村庄舞火龙，村人就更放肆了，携带鞭炮等候舞火龙队伍的到来。当舞火龙队伍来到家门口，村民们把点燃的鞭炮，直接往舞火龙者身边丢过去。鞭炮噼里啪啦响，舞火龙者全然不顾焰火的烧灼、鞭炮的崩炸，勇敢地举着火龙，上下翻飞，左右腾闪。

其实，舞火龙的小伙子不怕被线香和鞭炮烧到，是因为他们认为，舞龙者如果被焰火和鞭炮烧起血泡和疤痕，不但会成为勇敢的印记，也预示着今年将大吉大利。所以，元宵节后的第二天，如果你走过街巷走过村寨，用心看一看，经常可以看到有年轻人正在用红药水涂抹脸上手上的伤口血泡。你若问他们疼不疼，他们会笑得一脸自豪地告诉你：烧起血泡越多，红药水涂得越多，来年的生活越红火，运气越旺哩！

舞火龙，舞传统的稻秆火龙，对舞龙者来说，那就是一场在火光和勇气中的祈福。

后来，稻秆火龙慢慢地退出了历史舞台，取而代之的，是用竹篾扎架成龙，再裱糊上白布，遍体彩绘龙鳞，龙身会挂上五彩灯泡，甚至还会插上烟花火箭。火龙也更长，达十几二十米，舞火龙的年轻人也更多更热闹了。元宵节表演舞火龙时，五彩灯泡闪亮，在舞动时发射出各类烟花，让火龙显得更五彩斑斓。那真是一场蔚为壮观的在光影中的美好祈福。

如今，三江县城很少看到有传统的舞火龙了，村庄的舞火龙还有，却已不多。

但，舞火龙的习俗，对舞火龙的热情，却一直烙印在连南人的热切向往中。

唱春牛：春牛歌仔地头唱，家家幸福笑连连

阿爸：阿妹，不要顾着做鞋，我还有田没犁，我现在就牵牛去，早饭你早点煮呀，煮好你担给我。

女儿：好，阿爸，你说的话我听到了，家里的事情不用你料理，早饭我会早点煮，煮好我就挑给你哟。

很家常、很温馨的一段父女对话，拉开了表演唱春牛的序幕，也拉开了“2019连南县寨岗第四届乡村旅游节开幕式”的帷幕。

牛，是农人的宝贝。唱春牛，是一种乡土气息浓郁的汉族民间歌舞，是农耕文化的一种产物。顾名思义，唱春牛就是以“春”和“牛”为主要表现内容的艺术活动，也叫“舞春牛”“打春牛”“跳春牛”等。每年开春之前，举行唱春牛活动，人们通过唱春牛，祈求来年风调雨顺、五谷丰登。

锣鼓一声响，一头肥壮耕牛的道具，出现在舞台上。一个头戴白羊肚巾，身背斗笠，肩扛牛轭和木犁的农夫上场了，他就是刚刚和女儿对话的爸爸。农夫拉着牛，走一圈，就像牛在犁田一样，一边走，一边唱“春牛个子格个啷个当，春牛歌仔地头处唱……”

接着，扛锄头镰刮、挑花篮、打花伞、举鲤鱼、背贝壳的男男女女鱼贯出场了。这道具还真是多姿多彩，有农具，有花花朵朵，有日常用品，连鲤鱼、贝壳等也上台来了。演员们身穿花花绿绿的表演服装，笑容满脸，喜气洋洋，载歌载舞，跳的舞蹈动

“春牛”

作，皆以传统戏曲中的“十字步”和“矮步”为主。领唱的是农夫，唱的是客家山歌的曲调，每每唱完两句，众人和唱。每段唱词有四句，唱一段，舞一圈，演示一遍农事活动，表演诙谐，生活气息浓郁，现场气氛热烈。

农夫拉着耕牛来来回回地走动，象征着春牛在田间辛勤地耕耘。众人来来回回唱上五六段，唱春牛的唱词与表演，朴实真挚，生活气息浓郁，诸如有“男女老少笑连连”“风调雨顺好收成”等等，都是在表现村民爱护耕牛，勤耕勤种，在春耕时节团结协作、勤于农事、忙于生产的精神，同时也寄寓通过唱春牛，祈求来年风调雨顺、五谷丰登的美好愿望。

爱护耕牛，勤耕勤种，风调雨顺，五谷丰登，朴实的生活，美好的愿望，唱得台下的观众满心儿欢喜，巴掌拍得噼里啪啦，像鞭炮一样响。

“唱春牛”表演

“唱春牛，很过瘾哟！”赖业泉来了那么一句赞誉，就像他在台上唱的那句——满脸笑连连。

赖业泉就是在“唱春牛”中扮演农夫、领唱的主角，他是连南县寨岗镇称架村民间业余文艺宣传队的队长。他说，他十一二岁开始，就跟着镇里的老人家学唱春牛。20多岁时曾去工厂打工，中间停顿了一些时间没唱，但心中对唱春牛，依然还是十分眷恋，所以打工时也偶尔会自己哼唱春牛的曲调。等到40多岁时，他回到了家乡，组建了民间业余文艺宣传队，现在有28位演员，专门演出唱春牛节目。而他自己从40多岁开始恢复唱春牛，一直不间断地唱，唱到如今快70岁了，唱的年头也有好几十年了。

我问他，为何对唱春牛如此眷恋？他说，越唱越觉得充实和快乐，因为能给人们带来福呀！牛，对我们农人来说，代表的是福，所以道具做的牛都很壮很胖，那是代表福多呀。唱春牛这种民俗歌舞，其实就是代表唱风调雨顺，唱风调雨顺就好耕田，唱风调雨顺就好收成的一种民俗。唱春牛，可以带来福。牵上一头牛，到一个村子，就代表福到啦！

常常，他们唱春牛表演队，从春节开始唱到元宵节，再一直唱到四五月，唱春天要开耕了，提醒人们不要偷懒，要开始去田里耕作啦；唱耕田怎么耕，什么天气适合插田，乃至唱到后来稻谷长成什么样子了，应该收割了。他们从这个村唱到那个村，唱得满心儿欢喜，唱得整个村庄阳光灿烂。

唱春牛也不是一味地只唱耕田犁地之事。不仅春耕时可在田地里唱，农村里面有各种喜事寿宴也去演唱，套的是唱春牛的形式，但唱词会根据场景，灵活变化，可以唱孝敬父母，可以唱夫妻恩爱等等，其实都是寄寓美好的愿望。

有相关资料说，在唐大中年间（847—859），官至集贤院直学士的诗人卢肇曾谪居连州一年余，曾写有一首《谪连州书春牛榜子》：“阳和未解逐民忧，雪满群山对白头。不得职田饥欲死，儿侬何事打春牛？”据说，这是迄今岭南“春牛”的最早记载。由此可见，在唐代，连州唱春牛的习俗便已存在。而连南地域，在唐朝和宋朝都属连州，这说明连南从唐代开始，就已流传唱春牛的习俗。

美好的愿望，代代传！延续至现在，唱春牛的唐代风韵，在连南山村，依然还生机勃勃。就像唱春牛唱的那栏——这真是幸福得“笑连连”。

热闹的唱春牛活动

舞狮头：生猛舞狮腾挪跳，吉祥富贵进万家

一只黄色狮头的大特写，灵动地出现在电影《黄飞鸿之狮王争霸》的开场。影片中李连杰饰演的黄飞鸿从广东到京城看望父亲，后来和鬼脚七联袂出狮，参加“狮王大会”，大战群雄，一路过关斩将，最后夺得“中国狮王”称号。影片中舞动的各类狮头，不仅威武华丽，还有喷火、暗箭等，浸染可以掩藏在顾盼的眼辉中，看得着实过瘾极了。

看李连杰的“狮王争霸”，看得那么过瘾，很大一部分原因是因为我喜欢看影片中舞动的狮头，那可是在我们现实生活中存在的一种欢乐祥和的娱

舞狮表演

乐活动。或许是因为狮头灵动，好看又抢眼，连南人似乎更喜欢把舞狮子叫成“舞狮头”吧。

狮子体型威武，被誉为百兽之王，民间把它当成威勇与吉祥的象征。中国民俗传统认为，舞狮可以驱邪辟鬼，故此每逢喜庆节日，例如新张庆典、迎春赛会等，都喜欢敲锣打鼓，舞狮助庆。而在连南，每当“爆竹一声除旧岁”，从春节至元宵，各种各样的舞狮子活动，就会伴随着送暖的春风和欢乐的锣鼓，出现在连南的城镇和乡村，为一年一度的新春佳节，增添浓郁的欢乐气氛。

这段时间，不论走在大街小巷，还是走在村庄田埂，都会听到锣鼓敲响，看到狮子舞耍。尤其是去村寨时，往往舞狮头的队伍一出现，孩子们早迫不及待跑到田埂或村头看热闹，摸一摸由彩布条制作而成的黄色狮子红色狮子的大脑袋，然后蹦蹦跳跳地跟着舞狮头的队伍，沿着弯弯曲曲的田埂，蜿蜒进村庄，让新春的祝福、新春的欣喜，早早就在村庄里蔓延开来。

村庄里有人家，早已用一根竹竿把“青”悬挂在门前的高处，让舞狮头的人来“采青”。这个悬挂着的“青”，扎有一棵带头的生菜，还有香烟及利是（红包）。“青”用的是生菜谐音（生财），“采青”，取其意头，有“生猛”、家庭富足、生意兴隆的象征。

“采青”的狮子，经常是红色狮子或黄色狮子。民间认为，红色狮子是关公狮，代表忠义和财富；黄色狮子为刘备狮，代表仁义及皇家贵气；黑色狮子为张飞狮，代表霸气和勇猛。大过年的，当然讲究的是吉祥、财富和贵气，所以出现在大街小巷和村庄的，基本都是红艳的关公狮和金黄的刘备狮，尤其红艳关公狮带来的是财富，更受村人的青睐。

舞狮之人，常常有两个人合作表演，一人舞头，一人舞尾，在“青”前，不停地舞耍各种动作，扎马步，腾挪跳跃，眼帘也不停地扑闪闪，时而威武勇猛，时而嬉戏诙谐，逗得一旁观看表演的人，时而紧张陶醉，时而惊奇欢乐，现场欢叫声此起彼伏。有时候，因为“青”挂得太高，往往舞狮头者还会站在狮尾者的肩上，或者还会表演爬竹竿，看的人兴奋不已，都惊讶得瞪大了眼睛，嘴巴“哇哇哇”地惊叫。

腾挪跳跃几个回合后，舞狮头一跃而起，用狮子嘴巴把竹竿上悬挂着的生菜一口吃掉，接着大口咬嚼生菜，然后模仿狮子吃饱的表情神态，再把咬嚼后的生菜吐出来，抛给挂“青”的主人家。主人家接“青”以后，表示接到福了，脸上笑得无比高兴，噼里啪啦放一阵阵鞭炮。鞭炮声震天响，人们的笑声也震天响，整个村庄都沉浸在欢乐祥和之中。

“采青”，是父辈们对新年、对家人寄寓的一种幸福与美好的愿望，而对孩子们来说，最喜欢的却是舞狮头队伍里那个“大头佛”，胖胖矮矮，样貌可爱，憨态可掬。“大头佛”手执葵扇引导狮子做各种动作，东摇西歪，上蹦下跳，表演滑稽，搞笑鬼马。有顽皮的孩子，甚至还会跟着“大头佛”乱转圈乱舞，但没转上几圈，就晕头转向，扑向人群而去，村庄人一个个，笑得合不拢嘴，笑得人仰马翻。

过年舞狮头，图的是热闹，图的是喜庆。有了舞狮头，春节的热闹，倍儿鲜艳；元宵的喜庆，也倍儿响亮。

第三辑

连南之幽：

锦绣瑶山，美轮美奂

幽

伏兔春荫：一山三名绿树绕

城里有个家，家里有座山！这当然是很幸福的事，既可拥有热闹的现代城市生活，又可享受到宁静的山野森林风光。

生活在三江县城的连南人，天天都享有这种幸福——在三江县城的东面（县文化广场侧），就有一座猫公山。山如其名，从北面看，此山仿佛是一只趴着的雄猫，猫头高举，俯视四方，故名猫公山。猫公山上，树木繁茂，绿浪连绵，鸟鸣悠悠，此外山上还生长着不少桂花树，香风阵阵，直让人陶醉不已。于是，三江城里的人，每到周末，甚至每当下了班，常常呼朋唤友，爬猫公山，一年又一年，过着“城里有个家，家里有座山”的快乐日子。

秋日猫公山

远眺猫公山

而居住在县城外的连南人，对猫公山也有着另一番幸福的感觉，每当到三江县城，偶尔也会爬上猫公山的山顶，俯瞰县城的风光，甚至对于不少人来说，猫公山也许还是一个地标。20世纪的七八十年代，交通还不是那么方便，连南三江城与连州相距十二三公里，连南人经常喜欢骑自行车去连州，去时脚力足，“嗖嗖嗖”一阵风，很快就到；回来路上，人疲乏，总觉得路程很漫长，那时大伙儿鼓劲时，往往会戏谑一句“就快到猫公山了，加油哟！”这么一说，脚也开始生风，很快，猫公山到了，三江城回到了，家也回到了。

有点疑惑了吧，怎么一直在说猫公山，标题写的却是“伏兔春荫”，这伏兔与猫公山有何关系呀？

其实，猫公山，不仅叫伏兔山，还叫石泉山。一山三名，也是堪称神奇。

叫石泉山，是因为此座山属石灰岩山体，在山脚下有大小不等的岩洞，其中一岩洞，内有泉水终年不枯，因此得名“石泉山”。还曾有好事之人，在泉眼的两边贴了一副对联，并将“石泉”两字嵌进去，联曰：“石径有尘风自扫，泉声不喑水长盈”。山脚居住着的联红村人，还常常上岩洞取水回家煮饭做菜。只是，随着时间的流逝，岩洞已荒芜，曾经“长盈”的泉声，早已寂哑无声。不过，近几十年间，在山的四周和溶洞里都发现有石铲、石

伏兔春荫

矛、夹沙粗陶等古物，经省考古专家鉴定，这些都是新石器时代的遗物，证实早在四五千年前，就有人类在这里生息繁衍了。

从不同角度眺望此山，就会呈现不同的风景：从北面看，好像是一只趴着的猫，得名“猫公山”；但从西面看，有块巨石恰似兔耳，此山又仿佛是一只蹲伏的兔子，因而得名“伏兔山”。又因以前的“伏兔山”树木繁茂，尤其春天一到，绿树成荫，因此，被民国初年的文人雅士选为三江八景之一“伏兔春荫”。

伏兔春荫

据说，还有另一种说法，“伏兔春荫”应为“伏兔春莺”。因为每当大地回春，山上茂密的山林绿浪连绵，吸引了大量的飞鸟来此栖息，整座山花红柳绿，百鸟争鸣，莺歌燕舞，因此起名叫“伏兔春莺”。只是，后来山上的树木越长越茂密，渐渐遮去了那块兔耳巨石，但趴着像雄猫的形象一直还在。于是，“伏兔山”之名，慢慢地淡出了人们的视野，人们约定俗成，从此叫此山为猫公山。

神奇的一山三名，虽然其中的“石泉山”和“伏兔山”之名已渐渐远去，但其留下的历史云烟，却一直生动地存在着。在入山口石阶处，依然竖立着一块石碑，上面刻着“石泉山遗址”，山上的石刻也重新刻上了“伏兔春荫”这个闲雅之名。这一切，都在生动地呈现着一山三名的神奇历史。

还有山脚下的“义愤难容”石刻，亦记载着一段生动的历史。话说，1938年日寇南侵，广州沦陷，省属各机关、学校等纷纷迁至连州、三江等地，省府、省财政厅等就在猫公山脚下的溶洞里办公。有次日本飞机进行轰炸，看见有部小车，便对其狂轰滥炸。当时任广东省政府主席的吴铁城正坐在车上，赶忙开进村边，躲进了百年的大榕树下，躲过了一劫，他在宣纸写下“义愤难容”四个字，后来有人把这四个字刻在猫公山脚下，就在现今的联红小学周边。

如今，自然风光与人文历史兼具的猫公山，已成为一个休闲公园，三江人一直延续着“城里有个家，家里有座山”的快乐日子。

从“石泉山遗址”旁的石阶拾级而上，上到平缓的山坳处，见左右两边山头，一头是猫公山的猫头，一头是猫公山的猫身。往左边猫头方向，蜿蜒而上，到山顶，眺望远处，是一派梯田环绕、村落层叠的田园风光；往右边猫身方向，蜿蜒而上，到山顶，眺望远处，则是笔直的街道，高楼林立的城市风光。

站在猫公山顶，从左边看向右边，再从右边看向左边，整个人一会从现代城市穿越到山野森林，一会又从山野森林穿越到现代城市，那感觉，演大片似的，棒极了。

鹿鸣秋高：雄奇风雅清风爽

“千山万山，路转急弯，一声汽笛，飞过鹿鸣关”——这是在1954年，诗人陈芦荻路过鹿鸣关，写下的一首诗，诗歌生动地描绘了鹿鸣关内峻岭连绵，路陡壑深之天险。

鹿鸣关位于连南县城三江的西面，形状像朵梅花一样的我的家乡梅村，恰巧就在鹿鸣关山脚下。山城连南，青山重叠，山路弯弯，绕上九曲十八弯，那是再正常不过了。峻岭连绵，山路陡，从前汽笛声听得也不多，偶尔有汽笛声响，村里的孩子们听得都极其兴奋，有时候还兴奋地数一数这一天听到过多少次汽笛响。

而我印象最深的，却是与鹿鸣关有关的“蚬子宴”。

鹿鸣关山的半山腰上，绕着一条长长的弯弯曲曲的水渠，水渠经常是干涸的，因为水被截流到别的地方去了。不过，每年有五六次，会有水放进水渠，很多淤泥沙土裹挟着很多小蚬子一起被冲下来。于是，每当碰到放水时，村里就会响起嘹亮的喊声——“鹿鸣关放水啦”！喊声一落，家家户

梅村新貌

遥望梅村，田园秋歌美如画

户，乒乒乓乓一阵乱响，大人们提起铁丝筛网，拿上铁桶脸盆，小孩子们则拿起菜盆饭碗走出家门，一溜烟跑到半山腰上的水渠，捞蚬子去了。

那蚬子是真多呀，随便拿铁丝筛网铲起一把淤泥沙土，抖一抖，淤泥沙土沉水里，一个个小半圆形的蚬子就会凸显眼前，往往不出一个时辰，盆盆桶桶就装满了蚬子，回村里用清水养上一两天，就可以开吃“蚬子宴”啦。

其实，所谓“蚬子宴”，也不是什么特别的菜式，无非是用蚬子滚清汤、用南瓜花滚蚬子、用蚬子肉和撕碎的南瓜花一起滚稀饭。这三道菜，都是用野生的蚬子，配上粪肥滋润出的南瓜花，味儿特别的香甜。尤其是吃南瓜花滚蚬子汤，有大朵朵的南瓜花，有一个个开口笑的小花朵一样的蚬子，双花盛开，村人吃得心花怒放。

“蚬子宴”、数汽笛声，这两个与鹿鸣关相关的质朴的生活画面，是20世纪六七十年代的事，却已经是鹿鸣关的今生了。其实，鹿鸣关的前世，那可是军事重地，而且还颇具人文色彩。

鹿鸣关，古关隘，始建于清康熙二十九年（1690），介联两广（广西、广东），沟通三连（连山、连南、连州），是历史上重要的军事关隘、兵家必争之地，亦是朝廷官员到连山赴任的必经之道。站在此关隘，经常能听到山脚下梅村的鸡鸣，于是就有了与鸡相关的两个名字“鸡笼关”“鸡鸣关”。清嘉庆二十二年（1817）重修时，取“文宴《鹿鸣》”之意，始改关名为“鹿鸣关”。

当年关隘上还有一凉亭，亭上横匾刻着“鹿鸣秋高”四个大字。每当秋高气爽，人们登高至此，极目眺望，三江河畔，蓝天碧水，十里稻花香；环顾群山，苍松绿杉，红枫似火，满山霜林醉。途经此地的文人雅士，见此美景，皆诗兴大发，留下了众多歌颂鹿鸣关的壮丽诗篇。比如，清代的虞昌龄就写有一首《鹿关秋月》：“百尺雄关踞上游，溶溶月色压碉楼。凉蟾普照边风静，鸣鹿无声夜景幽。云村别开新画本，霜花空绣旧矛头。谁家玉笛吹梅落，引起征人万里愁。”百尺雄关，溶溶月色，既雄奇险峻，又清朗风

鹿鸣秋高，
三江八景之一

雅，把鹿鸣关的历史与人文连成一幅开阔空朦、耐人寻味的画。

而我们连南的本土文人，自然也不失这一份风雅。民国初年，三江籍文人杨芝泉等人于三江境内寻幽访胜，定出了三江八景：“鹿鸣秋高、仙楼晚眺、伏兔春荫、石泉夜渡、合望夕照、桂井残虹、花径瑶归、沿潭映月”。如今，一说到鹿鸣关，连南人自然都会从民国时让文人们仰慕的“鹿鸣秋高”，讲到现今21世纪的“鹿鸣秋高”之美景。

民国时的那幅“鹿鸣秋高”，因后来抗日战争爆发，民国时期广东省政府移迁连县，急需一条连接西南大后方的通道，于是开山劈岭，修筑广东连县至广西贺县的公路，鹿鸣关的古迹亦淹没成历史。但它依然是一个重要的通道，2013年二广高速通过此处，并建设了全长3202米的鹿鸣关隧道。

虽然鹿鸣关的古迹没了，但是我们却可在鹿鸣关公园，寻觅到发生在鹿鸣关的过往历史与人文气息。2011年，连南县在鹿鸣关修建了鹿鸣公园，里面设有

坦然亭

凉亭、长廊、雕塑及停车道路，既方便连南人，也方便驱车过往的客人，在这里驻足寻古。一段段历史，如一帧帧影像，生动地呈现在眼前，让鹿鸣关的今生焕发出了新的光彩。

一块巨石，上书苍劲有力的“鹿鸣秋高”，巨石背后刻有清代诗人虞昌龄的《鹿关秋月》，张口念一念“百尺雄关踞上游，溶溶月色压碉楼……”仿佛雄奇险峻、清朗风雅的鹿鸣关就突现在眼前。

离巨石不远处有两小亭。一亭名曰“清风亭”，亭上有两副对联，其中一联云“鹿鸣雄关映三江日月，瑶山篝火照两岸清风”，生动地描绘出了鹿鸣关的地理位置和瑶山的风土状貌。另一亭名曰“坦然亭”，亭上有副对联“思静心悬镜且舒坦，登高眼放天自泰然”。亭旁立一大石，石上刻有《坦然亭记》，记文里说，鹿鸣关景色秀丽，是三江八景之“鹿鸣秋高”，登高望远，宛如置身仙界凡间，引来许多文人骚客题诗赞咏。同时记文还记录了清康熙四十三年（1704）经鹿鸣关赴任连山知县的李来章，如何尊重瑶汉民众，以及“不食瑶粟，不饮瑶酒；取瑶分毫，贼断吾手”的清廉之风。坦然亭的记文，不仅可以让今人看到曾经的鹿鸣关风景有多美，同时也可从中窥

视到鹿鸣关曾经作为官员到连山赴任的必经之道的历史烟云。

旧时作为一道军事屏障的鹿鸣关已成为历史，我们只能在文字和石刻里重温，但登上鹿鸣公园，三江八景之一的“鹿鸣秋高”，依稀还可以看到，或许景观已有些变化，但依然有一番动人的美景：

鹿鸣关上，枫树乌桕树，映得山红天红人也红。向左眺望，三江城美景尽收眼底。向右俯瞰，可见鹿鸣关脚下的梅村全貌，春夏秋冬皆美如画——冬天静穆，弯弯曲曲的黑色田埂，拥抱着收割后的稻田，仿若一幅肃静的木刻画；春暖花开，油菜花、红花籽，这里一片金，那里一片紫，仿若哪个顽皮画家，随心所欲泼墨出来的水墨画；夏天来临，流水淙淙，稻秧碧绿，荷花绽放，飞鸟停驻，好一幅清幽的乡野山水画；秋高气爽，光影交错，绿绿黄黄的稻浪，绵延翻滚，整个梅村犹如被裹在大块大块的彩色毯子上，好一幅无比耀眼的彩色油画。

“觅景何须到桂林”——这是作家陈残云写的诗句，此诗句也刻在鹿鸣关公园的一块大石上。其实，对眼前的山城连南，你若依恋着，你若向往着，处处皆有让你心动的美景。

梅村晨曲

花径瑶归：一路对歌把家还

一块块石头，高高低低，砌垒出一条山径，从东塘山脚，蜿蜿蜒蜒进大山深处的三排、连水、油岭、南岗、牛头岭等地，那是瑶民们的聚居地。

一朵朵山花，白的、红的、紫的、黄的，蓝的，沿着山径周边，一年四季灿灿烂烂地开着，香风流动。人走在山径，一旁的野花儿，特多情，仿若宋代词人周邦彦写的“长条故惹行客，似牵衣待话”，花惹行人，粘粘衣裤，真真是一条美得让人心旌摇荡的花径。

当然，这条花径美得最最让人心旌摇荡的时刻，是赶圩的美好日子！

每个月的3、6、9日，是县城三江的圩日。圩日，是一种约定俗成的赶集日子。圩日到时，山里的村里的人都会把自己生产的粮食等农产品等挑到县城圩场去进行交易，小商小贩则把城里的商品运到圩场高声叫卖，需要购

梅山同亭

花径瑶归

物的各类人早早蹩足劲头往圩场赶。到达县城圩场，一番你来我往，讨价还价，买卖双方完成了交易，到散圩之时，各自带着交易到的果实，开开心心地往家赶。

每当三江圩日，这一条蜿蜿蜒蜒的山径上，便出现了很多瑶民的身影。一大早起来，沿途要走上十几里山路，才能赶到县城三江。为了赶时间，瑶民们挑着沉甸甸的番薯、玉米、花生、黄豆等收成，都是快脚地赶路，一路上打打招呼，说说自己挑些什么东西去赶圩。待走到山径半坡的梅峒亭，停下来，歇一歇脚，又匆匆忙忙往圩场赶。到达三江圩场，用番薯、玉米、花生、黄豆等收成，换回油盐米等生活必需品，当然，酒是必不可少的，也早已喝上了几口，人也早已微醺着。如果手头还宽裕，便会买些鸡肉、猪肉、豆腐，再打上一两斤酒，回家，煮上一锅大锅菜，一家人围在一起，吃点小菜，喝点小酒，温馨无比。

这么想想，心儿早已美滋滋了哟！于是，夕阳西下，赶圩的瑶民，乘着酒兴，挑着购来的生活用品，笑脸盈盈，三五结伴而归。

走到东塘山脚，泉眼汩汩地冒着泉水，喝上几口山泉水，清清嗓子，张口就唱起山歌来了。此时，蜿蜿蜒蜒的花径上，早已有不少赶路的瑶民，在山径间步步登高，远远望去，若隐若现。每当山脚的歌声一起，花径上的瑶民也随即对唱起来。一路回家，一路对歌，清脆嘹亮的歌声漫过群山，随风飘荡，温暖着瑶民们的心窝。瑶民们的红头巾、翎羽雉毛、耳环、项圈，在夕阳余晖的映照下，靓丽缤纷，与石径及石径旁的野花儿，构成了一动一静色彩斑斓的诗意画卷——花径瑶归。

当结伴归到半坡的梅峒亭，少不了还会歇一歇。夕照的余晖，在亭内外流连，瑶民们闲坐亭内的石凳石柱，看青山披红披翠，望白云悠悠渺渺。兴致来时，或许还会拿出随身带的五月笛，吹上一小会，悠长高亢的旋律、辽阔宽广的情调，犹如一曲曲古风，仿佛把人拉进了某种悠悠古韵——长亭外，古道边，芳草碧连天，晚风拂柳笛声残，夕阳山外山……

古驿道

其实，花径瑶归，的确极富古韵，它原本就是秦汉时期修筑的一条古驿道。这条秦汉古驿道，不仅是沟通中原与岭南的最早官道之一，也是与连州南天门古驿道连接，南下广州的分岔道，同时还是三排、连水、油岭、南岗、牛头岭等地瑶族同胞通往三江城的必经路径。

为了方便南来北往的路人乘凉歇脚，清朝康熙十三年（1674），在古驿道的半坡建起了一座梅峒亭。该亭占地面积约20平方米，高一丈五尺（5米），亭内设置石凳供旅人休息，亭壁嵌有石碑数块，碑刻有建亭始末及捐资姓名等。乾隆二十六年（1761）、光绪元年（1875）、民国三十四年（1945），都分别对梅峒亭重修过。

时光如白驹过隙，随着20世纪60年代县城三江到寨岗的公路开通，古驿道逐步淡出人们的视野。

没人走的古驿道，瑶民不见身影，山歌已远去，石头垒砌的蜿蜒山径已隐藏在乱草丛中，梅峒亭也渐渐破损，至今只存六条石柱。唯有山径边，那一簇簇白的、红的、紫的、黄的、蓝的山花儿，依然一年四季灿灿烂烂地开着。

“花径”不见，“瑶归”已无踪迹，唯有隐藏在乱草丛中的石径、梅峒亭斑驳的六条石柱，依然执着地怀念往昔的诗意年华。

很可喜的是，近年来，为使“花径瑶归”的风景重现，连南县政府投入人力物力，每年请当地村民割几次古驿道的杂草，让“花径”重现。

“花径”已现，也许，不久的将来，我们就可以看到“花径瑶归”的古韵景象，欣赏到“花径瑶归山歌对”的诗意画卷。

万山朝王：拔地奇峰画卷开

你，从远古走来，历经岁月的雕琢，拔地奇峰画卷开！

你，位于连南县城南11公里的三排地界，那是一个开阔的大山谷，奇峰罗列，座座山峰，背朝东北，面向西南，气势雄伟，磅礴壮阔，默默地吸引着无数朝圣的目光。

这朝圣的目光中，最耀眼的，便是中国香港摄影大师水禾田先生的那一双慧眼。

话说，20世纪80年代，香港摄影大师水禾田先生，曾到连南采风，陶醉于这个奇峰罗列的大山谷，拍摄了很多关于山峦层叠的美照，他认真数了数，发现其中有一张照片，小小画面中竟然有99座山峰。更令人拍案称奇的是，这99座山峰，竟然都整整齐齐地，背朝东北，面向西南，仿佛在对谁俯首称臣。而西南方向，正是油岭瑶寨的所在。

晨曦

万山朝王

水禾田先生灵机一动，把这幅作品起名为“万山朝王”——寓意群山俯首，恭躬油岭和南岗的“盘古王”称臣的壮观画面！后来，“万山朝王”这幅作品在巴黎国际摄影沙龙评比中荣获了金奖。从此，你，有了一个霸气、响亮、诗意且极富王者之气的名字——万山朝王！

万山朝王，画龙点睛地概括了群山的壮阔之美与瑶族的传统文化意蕴。相传，瑶族人的始祖是盘古王。千百年来，瑶人始终认为，开天辟地的“盘王”，就是他们心目中最伟大的圣灵。以“万山朝王”，寓意瑶族人对“盘王”的虔诚膜拜，景应名，名称景，可谓交相辉映。

正是这个神来之名，让“万山朝王”，名声大噪，走出连南，走向全国，走向全世界！从此，络绎不绝的游人，络绎不绝的摄影爱好者，不远千里万里，前来膜拜，前来朝圣。万山朝王，不仅成为观光休憩的好去处，成

万山朝王

为国际摄影沙龙的取景胜地，还成为电影《爬满青藤的木屋》《在没有航标的河流上》《中国瑶族》和电视连续剧《秋收暴动》的外景拍摄地。

富有王者之气的万山朝王，堪称连南奇峰的最美丽符号。站在万山朝王观景台，或倚着弯弯的栏杆，或倚着姐妹亭，近看远眺，一年四季，千变万化，景色都美不胜收：

春天，和风拂面，芳草连天，层叠山峦，青翠欲滴，愈发显得俊秀壮美。

夏天，太阳当空，百峰争雄，头顶艳阳，犹如一个个顶天的汉子，更见深沉阳刚。

秋天，西风瑟瑟，层林尽染，绵延群峰，红浪翻滚，宛若多情的阿贵哥，尤见侠骨柔情。

冬天，漫山飞雪，银装素裹，层层叠叠的山头，仿若穿着银色盔甲的千

军万马，齐齐面向西南，等待盘王，点兵阅将，指点江山。

春夏秋冬，各美其美。所以，万山朝王，是值得一年四季前往观赏的圣地。

当然，如果时间有限，只能选择其中一个季节来观赏万山朝王，那也不用遗憾。只要找阿龙哥，我们依然还是可以看见一年四季的奇峰美景。阿龙哥爽朗豪爽，是个摄影发烧友，他在万山朝王观景台旁开了间小店，日出日落、晴天雨天、星辰漫天、彩虹悬挂、万山霞光……关于万山朝王的每一种美景，他都拍了下来。如果与他一起喝上点小酒，他还会高兴地说说，如何拍到这些美景的好玩故事，甚至可能还会说说万山朝王之中的

万山春色

“老君山”“抱孙山”“情侣山”“姐妹山”“龙飞山”“老鹰山”等等的传奇故事。

在万山朝王，看万山神韵，赏王者之气，听阿龙哥讲好玩又传奇的故事，恍惚间，整个人感觉就好像溺入了赤橙黄绿青蓝紫的童话世界。

我呢，不仅溺入过阿龙哥拍摄下的赤橙黄绿青蓝紫的童话世界，还一而再再而三地溺入山雾萦绕的仙境之中。

说来有趣，我与万山朝王的缘分，总是像《三月里的小雨》唱的那样“三月里的小雨，淅沥沥沥，沥沥，淅沥沥沥下个不停”。2018年，我分

春夏秋冬四次去万山朝王，每一次都是下着淅沥沥的雨。站在万山朝王观景台，极目远眺，被山雾萦绕的雨中群峰，朦朦胧胧，若有若无，像是戴上面纱的羞涩少女，千呼万唤始出来，犹抱琵琶还半遮面，有一种如幻似真的美好，很婉约宋词的意境。

如果说，俊秀壮美，深沉阳刚，千军万马，是万山朝王的气质，那是属于唐诗的壮阔气象，那么，山雾萦绕，朦朦胧胧，侠骨柔情，那就是万山朝王的风韵，那是属于宋词的婉约风度。

一壮阔一婉约，一气象一风度，如此奇峰画卷，谁还能与万山朝王争锋？

万山风光

三排老寨：清风明月般的静穆与淡远

“结庐在人境，而无车马喧”“采菊东篱下，悠然见南山”——陶渊明的《饮酒·其五》所描绘的风景，静穆，淡远。

如果，要在连南找一个有这种静穆、淡远气质的瑶寨，我觉得三排老寨最为合适。

从县城出发，向南，盘山而上，绕弯，绕弯，沿途绿树成荫，偶尔还会遇见穿着传统瑶族服装的瑶民，一边赶路，一边哼山歌。

车盘旋到11公里处，三排老寨，便到了。

三排老寨，如其名，真的很老，已走过了一千多年的光阴。

下车，抬眼一看，简朴的老寨牌坊，写着三个大字“旺相门”。

“旺相门”，意思是：大人小孩都旺旺相相，一生健康，一生平安，一生发达。这三个字，蕴含着瑶民们质朴美好的愿望。

过“旺相门”，一个大大的灰色牛角撞入眼帘。牛角是瑶民们的号角，牛角号是瑶族文化的灵魂之歌。每当牛角号吹响时，便是瑶族同胞载歌载舞欢庆的节日。

但此刻，山雨迷蒙，牛角静穆，如同一个老者，静静地守望着前尘往事。

往前，右边，一口大水塘，绿绿的杂草丛生。水塘边，几棵高大的枫树，已经挂起了淡淡的红晕。碰巧有一瑶民走过，他说，到深冬，就会满树通红，耀眼得很，看得人心里亮堂堂的。

瑶民边说边隐进了深深的云雾里，整个水塘烟雾弥漫，只一会儿，几乎整片水塘都看不见了；又一会儿，雾气飘飘袅袅，淡去，隐约又见满塘绿草。

雾里来，雾里去，人在雾中穿行，倒也多了几分缥缈的诗意。

往左，拾阶而上，一级级青石板，往上延伸，看不到尽头。抬眼眺望，背靠大山的老寨，地势有些陡，寨中房屋就着地势的高低，一排排地，逐级而上，高低错落地建造起来。

房子一律灰瓦盖顶。墙呢，是很独特的泥墙，微微地透出一种黄。瑶民们就地取材，用木头固定，倒入山野泥土，一层层压出了严严实实的泥墙。在阳光灿烂的日子，走过三排老寨，一堵堵染上阳光的泥墙，溢满金黄色，整个老寨变得很亮眼很亮眼。

别看瑶寨的房子都是用泥土和木头建起的，可结实得很呢，历经百年，也依旧能保持最初的模样。盘木生二公家的泥墙房，便已有90多年的历史。房子是他父亲做的，他自己今年已经70多岁，一直就住在这座房子里。

瑶寨间的小路

瑶寨房子

爱美的盘木生二公

遇见盘木生二公，那是个很温馨的画面。

当时下着不大不小的雨，我站在青石板台阶，斜倚着黄色泥墙拍照留影，为了拍得好看些，我把包包和伞放到青石板上。忽然一声响："别把包包淋湿了，上来坐坐吧，躲躲雨。"我抬眼一望，只见高高的走廊出现了个子高高的一个男子，头戴瑶族典型的红头巾，身穿深蓝上衣配淡蓝裤子，脚穿解放鞋，一脸笑盈盈，整个儿精气神十足。

原来我斜倚着的，就是盘木生二公家的泥墙。沿着石阶，上到盘木生二公家，只见门前有两个大鸡笼，盘木生二公正掀开鸡笼，把碎玉米倒进去，大鸡小鸡咯咯咯啄玉米。还有一只肥胖母鸡，站在瓦房上欢叫。

盘木生二公笑呵呵地说，站瓦房上欢叫的胖母鸡，正在孵小鸡，它比较顽皮，常常喜欢偷溜出去喝水吃玉米。他一边说，一边带我进他家，指着另两只正蹲在竹筐里孵小鸡的胖母鸡说，这两只比较勤快，不像瓦檐上的那只太贪玩。

盘木生二公很健谈，普通话也说得很好，虽然居住在大山老寨，他和他的家人，却也有一颗与城市接轨的心。他说，他1946年出生，父亲1951年去世，四岁半他就没有父亲了，是母亲独自抚养大他的。他上过三年学，有两个儿子、四个女儿，都已搬离老寨，儿子到城市里打工去了，就他和老伴还守在老寨里。

雨下着，雾飘着，盘木生二公的声音，爽爽朗朗地飘荡着，整个老寨愈发显得寂静。这一次造访老寨，我就只见到盘木生二公和说枫叶红的瑶民这两个身影。

闲聊了一阵，我邀盘木生二公合个影。他很开心，说要换件漂亮的衣服。他很快他换上了艳丽的瑶族盛装，然后在竹筒里找了好一会，找出两根白色鸡毛，对着镜子，认认真真地插到红头巾上，还一个劲地问我："这羽毛漂不漂亮"。我扑哧一声笑，"好漂亮好漂亮"。虽然住在远离城市的山寨，但盘木生二公亦有着爱美的心性！瞧，他一身装扮出来，真是酷酷的一个老帅哥！

告别时，盘木生二公淡淡地说，他习惯了住在老寨。虽然他满脸密布岁月的刻痕，但笑容却是暖暖的，透着一种尘世的温婉与美好，整个人仿佛浸润着山野里的清风明月，洋溢着一股清风明月落在身上时的淡定和静穆。

或许，对盘木生二公来说，居住在祖先留下的房子，固守着祖先留下来的生活习俗，是一种习惯。这种习惯，没什么惊天动地，反而是寂静，甚至还很寂寥。但这种寂寥与寂静，却也仿佛在生动演绎着瑶民繁衍生息的另一种世俗的历史画卷。

看着眼前的这幅画卷，我觉得最适合的便是陶渊明的《饮酒·其五》描绘的景色与心境了，尤其是诗中的"结庐在人境，而无车马喧""采菊东篱下，悠然见南山"

本书作者潘小娴与盘木生二公合影

这两句，特别符合三排老寨的意蕴与气质。

居住在人世间，却没有车马的喧嚣。三排老寨，地处通往广州的要道，但离要道又有些许距离，寨外有车的喧嚣，寨内却是静谧地存在着，鸡鸣狗吠，有点既入世又出世的味道。

老寨内，篱笆下，石径上，山坡里，野花儿四处开，小小的金色野菊花一丛又一丛。也真的有那么一番意境——在东边的篱笆下采菊花,悠然自得，一抬头看到了南面的山坡好美，岁月是如此静好。

还很静美的，是那棵半山腰上的桂花树。哦！不，应该叫香花树。三排老寨人喜欢叫桂花为香花。树很大，一个人都抱不过来；树很高，巨伞一样挺立着，颇有“占尽一山秋色”的气势。秋天香花树一开花，周围瑶家满屋都是香气，所以瑶民都喜欢叫它是香花树、幸运树。

花香带来幸运，村人很质朴很实际。其实，生活的本质，不也是质朴和实际的么？

三排老寨的瑶民们，犹如智者，都深谙人生之道呀！

油岭古寨：温暖的人，闲静的情

“这么冷的天，远方的客人哟，谢谢您来看我……”

本书作者潘小娴和唐甘拜婆合影

下雪天，走在油岭古寨纵横交错、高高低低的石板古巷道，一阵清脆温柔的歌声从吊脚楼飘出。被冻得瑟瑟发抖的我，抬眼一看，原来是一个穿着靛蓝瑶服的老奶奶，正倚着吊脚楼的栏杆，笑眯眯地对着我唱歌。心，瞬间暖融起来了。

陪我一起踏雪寻古意的鹃哥说，老奶奶叫唐甘拜婆，今年90岁了。还真看不出呀，老奶奶的身子骨这么硬朗，还能那么兴致勃勃地站在风雪中唱歌。

光影瑶山（油岭新村）

“我们油岭古寨的人，会说话就会唱歌，会走路就会跳舞！”土生土长在油岭的鹃哥，很自豪地说。唱歌跳舞是油岭瑶人与生俱来的生活技能，劳动时唱歌，休息时唱歌，和人聊天、为人劝架的时候要唱歌，谈恋爱提亲更要唱歌。又因为瑶族没有属于自己的文字，所以就连几千年的历史，也都是记录在歌词里，一代代传唱下去的。

生活凭歌欢愉，爱情凭歌寄情，历史凭歌传唱。好吧，一句话，歌“动”瑶山，舞“动”瑶山。

到油岭古寨走一走，对这点还真是深有体会。刚刚走进油岭瑶寨的山脚，就会看到一个树干搭成的拱门，拱门中间写着“油岭瑶寨欢迎您”，拱门两边大柱子，分别写着“奇洞歌舞”“实景晚会”。那个奇洞叫“鸳鸯洞”，那是一个天然岩洞，每天都会上演几场原生态的瑶寨舞会。人坐在岩洞里，凉飕飕的，尤其是夏天，人仿佛待在天然的空调里，看阿贵哥莎腰妹们，笑呵呵地从岩洞的吊脚楼走下来，一番耍歌堂，一番长鼓舞，以歌声谈

油岭美景胜仙境

大地光芒，油岭新村

谈情说说爱，以舞蹈演绎日常人生。

也许就是因为能歌善舞，才让他们总是笑得乐呵呵的，身子骨也能那么硬朗吧。就像眼前这位90岁的唐甘拜婆，岁月虽然在她的脸上留下了深深浅浅的皱纹，但是“瑶歌从心出”，她张口就能编出一段段切合场景的动人歌词，飞出一曲曲美妙的歌曲。

油岭古寨人的人生，是永不褪色的歌舞人生。所以，踏入油岭，歌舞风情一帧帧入画来。

还有入画的，是喝酒和刺绣这两种生活习俗。

油岭古寨地处三排镇油岭村，坐落在海拔800米的山腰上，高寒山区，喝喝酒，暖暖胃，这是最日常的画面。如果碰巧是吃饭时间，走过古寨人家的门前，经常会见到瑶民举起碗豪爽地喝酒，他们还会很热情地邀你来上一碗，感受一番瑶民的“酒色人生”。

如果恰巧是冬雪天，那种“酒色人生”，就更有味儿了。瑶民们一边烧柴烤火，一边在火炉堂或门前，自斟自饮新酿的米酒。柴火“滋滋滋”地燃烧着，把火炉堂和门前映照得一片殷红。你如恰巧走过，他们会邀请你喝一喝酒。如果你能喝，不妨坐到柴火前，捧上一碗，一口一口，缓缓地喝，暖身，暖胃，暖情，似乎多少也有了一番唐代诗人“醉吟先生”白居易所写的“绿蚁新醅酒，红泥小火炉。晚来天欲雪，能饮一杯无”的闲静意境。尽管此刻，不一定有诗中所说的那般色绿香浓新酿的米酒，也没有那么文雅的烧得殷红的小小红泥炉，但是，天色阴冷的雪色中，能“共饮一杯”，这样闲静的情怀，已足够令人陶醉不已。

闲静地守着柴火的，还有刺绣的瑶家女子。

空地上燃起一堆柴火，浓浓淡淡的烟，随风，静静地向四处飘散。她们，坐在火堆旁，坐在雪地里，摊开靛蓝的布，举起彩色的线，一针一线绣了起来。烟，袅袅地，绕到她们的手上，她们灵巧地把日常渴望与瑶族的历史烟云，一同绣进了方寸之间。这是我见过的最闲雅的雪景。

雪天里，油岭古寨分外有闲静的诗意。其实，油岭一年四季都分外有闲静的诗意。春天满山绿，瑶寨静静地悬挂在绿色画壁上；夏天，云雾缠绕山头，瑶寨似梦非梦；秋天，稻花飘香，瑶寨陷入金色油画里。尤其是登上整个瑶寨的顶端，再往下眺望，群山环绕，稻浪翻飞，流水淙淙，仙境般的美。

春夏秋冬，走在密密麻麻的低矮房屋间，走在曲曲折折的陡峭石板路上，仿佛就走在了一座活的排瑶传统文化博物馆里。这座博物馆里的人与风景，总透着一种让人向往的温情。

石板路上，鸡和狗，悠然地散着步。石板路边，偶尔零星地放着一两个南瓜、三四个蒲瓜、一小堆花生，穿着靛蓝服饰的瑶家女子，搬个小板凳，三三两两，闲坐在阳光里，面容安详，手不离绣。她们，偶尔抬头，望望远山，看看石板路，时有三三两两的瑶家男女，挑柴走过。还有小孩子，沿着石板路，走呀走，跳呀跳，过着属于自己的顽皮童年。

我曾经在石板路上，偶遇过两个孩子，一男一女，估计也就七八岁的样子。见我走过，他们声音甜甜地叫了起来："石板路滑，不好走。阿姨，叔叔，路上小心哟。"我还以为身边的朋友认识这两个孩子，但朋友们都说不认识。

伴随着"石板路滑，路上小心哟"的稚嫩童声，我告别了油岭古寨。

但，在告别的那一刻开始，我就开始怀念油岭——温暖的人，闲静的情。

金色油岭

附记

油岭千户瑶寨，位于三江县城西南的三排镇，坐落于约800米高的半山坡上。

老寨始建于唐，扩建于宋，鼎盛于明清，最多时有房屋近900幢，占地近400亩，1000多户，7000多人，素有“千户瑶寨”之称。后来不断有移民迁出，瑶居和瑶民减少，现整座古寨，横1300多米，纵900多米，民居300多幢，居住着800多人，依然还很有烟火气。

寨子里的“歌王”唐买社公、“鼓王”唐桥辛二公都特别有名，油岭村还拥有瑶族耍歌堂和瑶族长鼓舞这两个国家级非物质文化遗产项目，1998年还被国家文化部授予“中国民间艺术之乡”称号，2014年荣获“中国传统村落”称号。

光影里的油岭新村

千年瑶寨：繁华古典美，热闹烟火气

不是太静，就是太闹。很多时候，走到一处风景，常常可能会碰到这两种极端的状态。

安静的风景，固然极美，甚至带有一种让人想窥视的神秘。但太闹的风景，往往，又会让人心生众多的不悦。

如果，有那么一种风景，闹与静，皆宜，那大体极美，也是极悦人的。

在连南，要寻这么一个闹静皆宜之风景，千年瑶寨，是最合适的了。

从三江县城出发，往西南三排镇而去，当行至26公里处，一个灰色牛角，一个红红长鼓，还有一行红艳艳的大字“世界瑶族第一寨”直撞眼前，千年瑶寨到了。

千年瑶寨

一条长长宽宽的青石板台阶横亘在眼前，一旁竖立着一根木头，木头上写着四个大字“千年瑶寨”。拾级而上，历史的一缕缕烟云，仿佛就要从石阶上冒出。往前看，石寨门和寨墙，皆为大石块垒砌，石门前身着盛装的瑶族莎腰妹，已热情地端着一碗碗白米酒，正热烈地欢迎客人们的到来。喝过这碗热情酒，一阵阵温婉的歌声飘荡了起来，抬眼一看，原来是伫立在坡地上，撑着黑色油纸伞的一

俯瞰南岗

个莎腰妹，在笑眯眯地唱歌呢。那黑纸伞很漂亮，伞边吊着用红黄白绿青五色绒线串起来的白翎毛，随风轻盈摇荡。清清白米酒，温婉迎客歌，一进山门，就能感受一番浓浓的瑶族风韵，吉祥又美好。

伴随歌声，跟着人流，一路前行。青石板街的两旁，清一色的青砖黛瓦，一层层的错落有致，一路向上铺排着。顺着青石板街，上到“得金石”，便见一片宽阔的平地，那是古寨的“中心广场”，是村中的歌堂坪，每逢大事喜事的时候，瑶族人们就在这片空地上开会讨论，喝酒跳舞庆贺，一派的歌舞升平。四周还有原始的酒坊、豆腐坊、榨油坊，还有小摊贩，摆卖琳琅满目的瑶族饰品，以及米酒、茶叶、香料、山果等山货和土特产。酒坊前，常常有老者坐在那里，抽烟，喝酒，侃大山。千百年前的生存状态，今世的市井生活，就这么浓浓地交融在一起。

腐竹作坊

腐竹飘香

此时，不妨到豆腐坊前，喝上一碗瑶家豆腐花。瑶民自家种的黄豆自家磨，现场大锅煮成，豆味十分浓郁。还很特别的是，这豆腐花拌的是黄糖水，白白的豆腐花拌上金色的黄糖水，顿时也添了几分亮丽，入口一吃，淡淡的焦糖味萦绕口中，嫩滑中带点粗犷，有一番独特的味道。

吃过豆腐花，记得要继续沿着这条宽宽的青石板街，一直往前走到高处，便是瑶寨的盘王神庙。古庙供奉的是瑶族的先祖盘王和盘古王婆。从寨门到歌堂坪，至古庙，这条长长的青石板街，既是全寨的主干道，也是全寨龙脉。作为龙脉，古庙就建在“龙头”之上，可以保佑全寨瑶民平平安安；而作为主干道，则可以让游客快速地感悟一番古寨的繁华前生与热闹今世。如果用花来比喻，这条主干道青石板街的风景，不管是前世还是今生，都绝对是一朵灿烂热烈的花！

站在古庙前，往下眺望瑶寨，一条宽宽长长的青石板石阶从半山的寨门直通山顶的盘王庙，将左右两边的一条条小横巷串联起来，构成一个纵横交错的古寨。此时，已从中间石板路走过并感悟了一番古寨前世今生的你，不妨随意地到纵横交错的巷子走走。

当然，最好还是先到右边的巷道走走。

你可以走到山坡上的观景台，看一看千年瑶寨的全貌。连绵的青山里，层层的梯田旁，一间间青砖黛瓦，仿如一座座童话小屋，梦幻般地美着。

带着一脸梦幻，沿着窄小弯曲的青石板路，一边往下走，一边寻古而去。偶见三三两两的人，巷道安静了许多。此时，你会看到瑶王的“官

瑞雪兆丰年

梦幻瑶山

长长的青石板街

远眺瑶寨

邸”瑶王屋、瑶老议事厅、洪秀全传教堂。有关史料记载，道光二十四年（1844），洪秀全曾与冯云山到过南岗排，在此屋居住数日，向瑶民宣扬拜上帝教。洪秀全传教堂的屋内陈列了数幅图画和用具，重现着当年的场景。

瑶王是南岗排的最高首领，享有最高的声誉和威望，南岗排的最后一代瑶王是邓买尾八公。在瑶王屋，有独具特色的瑶家“火炉堂”。火炉堂四边镶嵌着木板，中间放着三脚猫（三脚猫是一个铁圈，下面有三个脚），柴火“滋滋滋”地燃烧着，一家老少每天都围着火炉堂一起吃饭。火炉堂整年烟熏火燎，由此也烟熏出了瑶家名菜“烟熏肉”。瑶王屋檐下，还绘有瑶民打稻图、狩猎图等，瑶民们心中的好日子，就是这么的素朴与实在。

走进右边的巷道，你可以深入古寨的肌理，看到蕴含着千年文化的瑶王屋和火炉堂、从地里摘下准备过冬的玉米挂在房梁上、坐在巷口墙角的莎腰

瑶寨冬夜

瑶寨星雨（南岗）

妹在仔细地挑针刺绣、凌空高挂宛如蛛网的竹水笕（引水的长竹管）……古寨千百年的生存状态，就这么在日复一日的细节中，淡泊祥和地传承下去。如果用花来比喻，这右边巷道的风光，就像“羞答答的玫瑰”静悄悄地开，它是靓丽的，也是安静的。

逛了一圈右边的巷道，感悟了一番古寨的肌理，不妨再去左边的巷子溜达一下。

左边的巷道，静得出奇，经常碰不见人影，听到的只是自己踩在石板路上发出的清脆声响。这一声声清脆，似乎把巷道的光阴，拉向远古，拉向远山。你不妨走入一间青砖黛瓦的房子，上到楼台，放眼遥望，参天古树红黄相间，崇山峻岭连绵起伏，梯田绿野层叠蜿蜒。山寨仿佛隐居在尘世外，萦绕出一片迷幻的色彩。所以，如果用花来比喻，这左边巷道目光所触的风景，就

银饰瑶寨

是一朵半开半闭却难掩一身艳丽的花，用“石榴半吐红巾蹙”这句古诗来形容，就最为贴切了。

当然，如果你还想看更多的“美”花，山寨里多的是。比如，千年石棺、明清石拱等都是富有瑶族文化意蕴的山寨之花。

山寨的“美”花看不完，夕阳已西下，一座座青砖黛瓦房被罩上了一层橙红色的轻纱。此时，再回到那条主干道宽阔的青石板，一路往下，酒坊、豆腐坊、榨油坊、小摊贩和山货都不见了踪影，抽烟、喝酒、侃大山的老者也不见了，山寨变得静悄悄。

繁华落尽，热闹褪去，被逶迤群山包围下的古寨，升起了袅袅炊烟。原来，这里的瑶民，还固守着“日出而作，日落而息”的生活方式，既有淳朴的烟火气，又不失恬淡的古典美。

本书作者潘小娴行走在千年瑶寨

附记

千年瑶寨，建于宋代，至今有千余年的历史。海拔803米，鼎盛时期有民居700多幢，1000多户，7000多人，被誉为首领排。中华人民共和国成立后，因移民下山，现今古寨保留有200余人和300多幢明清时期的古宅，以及古老的寨门、寨墙、石板道等。

千年瑶寨被评为“中国历史文化名村”“广东十大最美古村落”之一，保留了瑶族人民千百年的文化精髓，国家级非物质文化遗产“瑶族耍歌堂”“瑶族长鼓舞”，广东省非物质文化遗产“瑶族刺绣”“瑶族婚俗”，均能在千年瑶寨得以风采重现。

《瑶颂·瑶族舞曲》：一场回望，一眼千年

等待天黑！这几个字，很平淡，也不觉得有什么特别。

但当你去了连南，观赏了《瑶颂·瑶族舞曲》实景演出之后，你一定会发自内心地感叹，原来，“等待天黑”这四个字，竟然流淌着无限的温暖诗意。

实景演出就在三江县城西北山脚的盘古王文化园上演。夕阳西下，人约黄昏后，一起走向盘古王文化园。途径顺德文化广场，不妨先溜达一番，流水淙淙，花繁叶茂，还有牛角、锣鼓、长鼓等点缀其间，富有浓郁的瑶族文化气息。

待天慢慢暗下来后，再一起往前，走不到10分钟，就可到达实景演出厅。这是一座圆形的露天大厅，周围有山坡，砌有梯级观众席，舞台和观众席之间，有一条小溪，溪水清清，溪流淙淙。因为天色有些暗，隐约可以看到舞台上的布景，是两排类似南岗千年瑶寨的青砖黑瓦房，错落有致地高悬在周边的山崖上。

观众一波一波，涌入演出厅。时间已快到七点半，但演出还是一点都不像要开始的样子，问给观众领位的莎腰妹，她们说：“要耐心等等哟，天还没完全黑。”正是炎夏，白天拉得很长，此时的天还真有点亮。

然后，就来回地听到了非常有诗意的一段声音：“音乐诗剧《瑶颂·瑶族舞曲》实景演出，没有固定的开场时刻。演出开场，完全由当日入夜天色来决定。当四野天色渐渐暗淡，纱窗灯火次第明灭，诗剧演出就在天色入夜的那一刻开始。全场观众将与演职人员一起‘等待天黑’，共同感受百里瑶山‘天人合一、

顺应自然’的温暖诗意。”

“等待天黑”，“顺应自然”，“在天色入夜的那一刻开始”，这是我听到的最美的演出前奏曲。往前看，舞台是古寨、小溪，抬头望天，月亮明朗，星星一闪一闪，而眼前坐在露天观众席的我们，仿佛是坐在了千年瑶寨的山林旷野里，吹着山风，听着四周山林的夏夜鸣虫，心神皆诗意满怀。原来，观众也是演员哟，一起主演了“过场——《趣·等天黑》”。想起周星驰的经典台词——意不意外？惊不惊喜？哈哈哈，真意外，真惊喜！

快8点，天黑了，在这天色入夜的一刻，左边山坡上，一把火光，一个老阿婆出现了，喃喃地说着一些诗语，声音柔和空远，撩拨着人的心怀。

哗的一声，舞台灯光亮了，那真是惊艳呀！赤橙黄绿青蓝紫的灯光，游离和穿梭在青砖黑瓦，朦朦胧胧，似仙境，似秘境，感觉整个舞台又像是一艘

《瑶颂·瑶族舞曲》

《瑶颂·瑶族舞曲》

巨大的游轮，正在海浪中摇晃前行。太梦幻啦，太美啦——观众席上，“哇哇哇”的惊叹声不绝于耳。知道么，《 瑶颂·瑶族舞曲 》可是采用国内首创的悬垂式、壁挂式的山水实景舞美置景，难怪仙境瑶景，如此磅礴唯美。

头戴红头巾的阿贵哥们出场啦。红头巾是瑶族男人的象征，如阿贵哥头上一样鲜红的长长红头巾，从观众席拉向舞台。戴着红头巾的阿贵哥拉纤，游沧海齐力过九州，波浪滔天般向观众席涌来，观众席也好像是一艘大船。观众与演员，仿佛也一起演绎盘王先祖穿越九州，一路走过万水千山……好大气、有趣的序曲。

序曲过后，故事开场啦。从爱这个永远的主题开启，百里瑶山，青葱竹林，涓涓小溪，阿贵与瑶妹两小无猜，长大后甜蜜相爱。但因为远来瑶寨写生的青年画家阿夏的出现，造成了误会。痛彻心扉的阿贵选择远走他乡，一去数十年杳无音讯。从此，十里八乡瑶寨男儿的穷追不舍，都再也不曾打动过瑶妹的心弦。痴情的瑶妹，一直在痴痴等待。

时光飞逝，老年阿贵重回瑶山，赫然撞见两鬓苍苍的阿婆（年老的瑶妹）。斯人垂老，四目相对，因为一场误会，一个终身未娶，一个终身未嫁。深深自责的阿贵，请求瑶妹："妹呀，让我为你做一回牛吧。"这一句话，惹得现场好多观众眼睛温热。仿如当年耕地的场景再现，阿婆把红线套在老阿贵身上，把竹鞭甩在阿贵的背上，在声声脆响中，渐行渐远，隐入山野。家园还在，爱也还在，历经磨难，有情人终成眷属。

大型实景演出——
《瑶颂·瑶族舞曲》

一段既紧张又浪漫的爱情故事，一出让人悲喜交集的音乐诗剧，穿插其间的，有热烈狂欢的耍歌堂，别样风情的讴莎腰，欢乐恢宏的长鼓舞，奔放劳作的木头舞，极具瑶族民俗的太阳伞舞……舞动瑶山，将瑶民的生活与民俗、爱情与神话传说，瑶族创世纪迁徙的史诗一一呈现在眼前。尤其是，全场以世界经典乐曲《瑶族舞曲》为主题音乐，这是著名民族作曲家刘铁山、茅沅于20世纪50年代创作的，描述连南瑶民载歌载舞的歌曲，这让整部"瑶颂"，显得更为深邃和慑人。

一直待在在山坡上的老阿婆，自从演出开场后，随着剧情的变幻，一直在喃喃地说着一些诗语。老阿婆的诗语，其实是串场和旁白，让这部以"诗颂"为题材的《瑶颂·瑶族舞曲》，显得特别的柔和温婉。

其实你不懂瑶话也不要紧，老阿婆的串场和旁白，都流动地出现在舞台上："云朵很轻啊，心事很重，赶路的人啊，寻找远方的梦"，"你看你看那些花，等候在坡上田坎下，春风暖了就发芽，心儿热了就开花"，"牛啊牛啊，你怎么就改不了这牛脾气，我看得见你一行脚印，你却不看不见我两行泪滴"……"一幅瑶绣长卷，蕴藏千年密码，一曲神秘史诗，解读天下瑶家。

过九州，闯天涯，波澜壮阔在脚下！四海瑶人同追梦，天下瑶族是一家！”

老阿婆的诗语，道尽了人生的情爱悲喜，勾描着瑶民的密码烟云，嵌入时光与历史的肌理，让我们拨开云雾，一场回望，一眼千年！

瑶族舞曲实景演出

月亮湾

春意延绵涡水河

文艺青年的梦想地：月亮湾，潘家大院

如果你是个文艺青年，到了连南，请一定要去月亮湾和潘家大院。

月亮湾，潘家大院，风景都很美。枕着一弯湖水的月亮湾，美得就是很天上月亮的那种味道；而坐落于阡陌纵横的

月亮湾

月亮湾

潘家大院一角

田野之间的潘家大院，则散发着一种很尘世、很山野、也很素雅的味道。而且呀，这两个地方的老板，都是帅哥，颇有文艺青年范，月亮湾和潘家大院自然也是洋溢着浓浓的文艺青年风。

月亮湾，在涡水镇横龙水库旁。从三江县城出发，一路上，车绕着涡水河边穿行。涡水河是一条连南排瑶的“历史之河”，河的两岸居住的都是瑶族同胞，所以，经常地能见到穿着瑶族服装的瑶民，在河边玩耍，干农活。

很快，就看到了一捆捆垒砌起来的木头，木头上挂着三个圆簸箕。圆簸箕还很用心地排列成月亮弯弯的形状，每个簸箕，从上到下，分别写着一个字：月，亮，湾。对了，月亮湾还是连南十大最佳摄影基地之一哟。

斜对着月亮弯弯的月亮湾，有一个小巧低矮的木头拱门，拱门两边贴着一副对联“竹吟清涧月，松唱古瑶风”。看到这副对联，是不是心中立马就浮现出唐代著名诗人王维的诗句“明月松间照，清泉石上流”？小唐老板说，他哥哥喜欢读古诗词，这副对联就是他哥哥拟写的。果真很文艺范呀。

再入里，又见一金色月牙儿和两颗金色星星，仿佛挂在了背后的远山。金色月牙儿下，还印有四个大字“轻禅·慢瑶”。无须解释，念一念这四个

俯瞰月亮湾

字，文艺腔十足呀。此时，若你站在阶梯，对好角度，手捧上月牙和星星，满心儿将涌动起一湖的星河清梦。

再折入石阶，红红的长鼓、手工编织的鱼篓与火龙，次第撞进眼帘，瞬间感觉古远的时光，正蔓延至四周。“瑶不离鼓”，长鼓是瑶族民族的心灵史，武功高手仗剑走天涯，瑶民的一生却是仗鼓走天涯。手工编织，你多久没见过了？鱼篓是原始的捕鱼工具，舞火龙是一种祈求平安与丰收的传统习俗。这些古朴久远的元素，让人感觉瑶庄的时光很慢很慢。小唐老板说，这里的师傅打鱼，定下了规矩，一天一网。那真是——“慢”出了天际。

抬眼，再一看，阁楼栏杆上，有一块木头牌匾，上面刻着四个字——星月同瑶。在星星下，在月光下，同酌，唱瑶歌，多么古雅的诗意。

站在阁楼，往下望，碧绿碧绿的涡水，绕山绕坡绕洼地，绕城了一个弯弯的月牙形。好吧，那就赶紧去亲亲月亮湾的水吧。

涡水瀑布群

沿石阶而下，映山红、三角梅、小雏菊等花儿，灿开得红红火火；丝瓜、苦瓜、节瓜、南瓜等瓜儿，爬满架；小白菜、莜麦菜、番薯叶等蔬菜，绿油油的，一畦又一畦；沙梨、杨梅、柚子、柿子、鹰嘴桃等水果，举手就可摘到；一群群鸭子，一群群鱼儿，在月亮湾的碧波中游来游去；一群群走地鸡，在林荫下，欢跳，唱歌。

印象很深的是，地上还掉满了柚子。原来，月亮湾从来不打农药，这里的蔬菜瓜果，都是原生态生长。每当柚子被虫咬了，很快就自然掉落地。树下的走地鸡，可高兴了，边吃香甜的柚子，边引吭高歌。

你可以放钩钓鱼，你可以泡泳池，你可以去烧烤，你也可以当当田园野夫，亲自去菜地里采摘瓜果，亲自去农庄里抓走地鸡，然后交给厨师。一番忙活，瑶族莎腰妹端菜上桌，喷香的月亮湾农家菜开场啦！走地鸡、稻花鱼香得很，肉丝咸蛋上汤蒲公英、蒜蓉炒苦斋婆，这野菜味也极好。如果，再

潘家大院

月亮湾温泉

来上一点小酒，美酒配美菜，就更色香味俱全了。

酒，当然有！灵芝酒、山稔酒（桃金娘酒）、蜂蜜酒、万寿果酒（拐枣酒、桔枳酒、枳椇酒）、薏米酒、蜂蛹酒、黄精酒、杨梅酒、青梅酒……都是农家自酿的，随便你选。要我选，当然选万寿果酒，连南叫桔枳，果子扭来扭去，很形象生动。桔枳是一种很古老的文化植物，早在《诗经·小雅》中就有“南山有枸”的诗句，文中的“枸”通“椇”，枳椇是桔枳的文绉绉学名，李时珍在《本草纲目》亦有记载：“枳椇……又作枳枸，皆屈曲不伸之意，树多枝而曲，其子亦卷曲，故以名之。”此刻，在月亮湾，这还是我第一次看见古老的桔枳被酿成了酒。素来不沾酒的我，欢喜得一口桔枳酒喝下，甜中带醉，惬意满怀。

酒足饭饱，三几好友，闲坐“星月同瑶”，一张古朴的老桌子，一壶月亮湾的山茶，一个月亮湾的红柚子。山风清吹，瑶歌清唱，瑶庄的时光，这么美，这么慢。

月亮升起来了，携一湾星河清梦，轻禅！慢瑶！仿佛时光在倒流，唐诗风韵，古今同瑶。

熏染了一番月亮湾的文艺风，不妨再到寨岗镇新寨村的潘家大院去。

这是一个颇具文艺气息的农家乐院，房子两三层高，红红的“潘家大院”灯笼高高挂。院子面积约10亩，依山傍水，流水淙淙。虽然不是什么古宅，却也颇具古意。

一条沟渠，清澈见底，穿院而过；一方半月形小鱼塘，碧波漾漾，鱼儿水中游。鱼塘周边，一畦畦蔬菜，一排酸缸塔，一堵镶嵌着瓷碗的石头墙，墙上摆着造型古朴形状各异的盆景，旧时风物，古韵深深。还有爬墙虎四处爬，星星花四处开，山茶花肆意绽放。

绕过瓷碗装饰的古墙，是红砖墙、红栏杆。石磨、簸箕、水罐、漏斗、竹篮等沿着走廊随意摆放，随意吊挂。红砖墙上张贴着很多20世纪五六十年代的宣传画，画上还有时代印记的标语，比如有“走大寨之路”，“大力支援农业”“向工农兵学习，为工农兵服务”等。房间的名字，很童话，有“白雪公主家”“海绵宝宝家”“唐老鸭家”；同时也很接地气，比如，有“三六九”“二五八”“一四七”“牛局长家”“祝师奶家”“康师奶家”等，都是以电视连续剧《七十二家房客》的角色来命名的，看得让人不禁莞尔一笑。

还有吊篮摇椅，还有篮球场，还有温泉。在摇椅闲坐，到球场挥汗，到温泉泡泡。温泉是露天田野上的温泉，如果你有缘，或许在冬日还可以过一番懒洋洋地泡温泉，抬头看漫天飞舞的白雪的生活。绝对十二分的诗意！

一身舒缓后，再吃上一顿寨南鱼、大笼糍等当地土菜，一边听潘家帅哥老板，絮絮叨叨，这个石磨是从哪运回来的，那个瓷碗他是如何亲手嵌进石头墙的……

倚着旧时的风月，其实我们也可以与时间、与人生，温柔地相对。

大古坳梯田：美得让人心醉的凡·高黄

上坡，下坡；下坡，上坡；绕弯，绕弯。车沿着山间公路，行驶得有点慢。山高路陡，还时不时会有三四头牛，不急不躁，优哉游哉地晃在山路上中间。大城市里塞车，连南大坪镇的山间公路，却是“塞牛”，倒也是颇有趣的一种乡野风情。

也不知上下了多少次坡，绕了多少道湾，塞牛，倒是记得塞了三次，终于见到了一道两棵大树干搭成的拱门，拱门上写着“大古坳村三百步湾”，喔！大古坳梯田终于到了。

进村，三四只狗，悠悠闲闲地在路边卧着，见有人来，抬头望一眼，伸伸腿，又自顾自地，眯眼儿继续吹风晒太阳。孩子、老人，在家门前，玩儿的玩儿，捡菜的捡菜，见有人来，老人往往会笑着搭上三两句“看梯田来了？”然后还会自豪地来上那么一句“大古坳的梯田，就属我们三百步湾的最美啦！”

最美的三百步湾梯田，到底美成了啥样子？此时，梯田还未走近，却先见到了大古坳小学，红砖楼房，校门口是金黄色琉璃瓦挑梁，正对校门的那堵墙上，书写着汪洋书记的话——“学好普通话，是走出大山的第一步”！特别耀眼。2007年至2012年，时任广东省委书记的汪洋书记多次到连南调研，其中有四次深入到大古坳调研体察民情，大古坳村一下子成为世人瞩目的焦点。新修的那条山

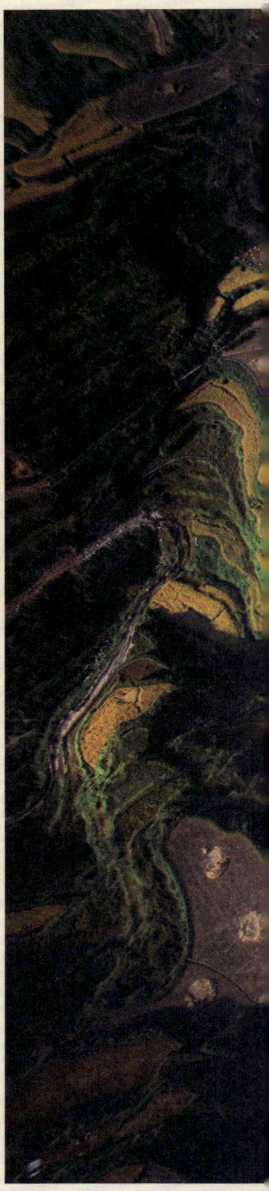

大古坳梯田

大掌古排

间公路，从此让大古坳村与外界联系频繁起来。而梯田，就是其中至美的一个元素。

沿着弯曲的村道，往下一拐，便进入稻浪翻飞的梯田。因为先见过九寨梯田，所以对翻滚的稻浪，倒不是那么惊奇了。但惊奇的是，抬头是山，低头也是山，转身还是山，虽然四周都是山，但这些山却可以称之为有点距离的远山。感觉这里的山，耸立得都挺有分寸的，颇懂得“距离产生美”的美学原则。而又因为山与田，都隔着些距离，于是梯田的空间就相对更为宽阔，一块块的稻田也相对平整得比较大块，高低也就不显得突兀，而是错落得比较平缓。至于稻浪呢，也不像九寨梯田的稻浪倾泻如瀑布，而是感觉更像是波浪缓缓起伏的金色大广场。那可是面积多达2000多亩的稻浪大广场呀！这气势，该是多么的壮阔和磅礴！不愧是榜上有名的“连南十大最佳摄影点”之一。

大古坳

看着这稻浪缓缓起伏的金黄色稻浪大广场，我眼前立马就晃荡出美得让人心醉的凡·高黄。金黄色，炙热如太阳般的颜色，那是印象派画家、“色彩大师”凡·高的至爱呀。在凡·高动感率性的画笔下，一抹抹炽热明快的金黄色，热烈地张扬，尽情地释放着。

此时，金黄色稻浪大广场，三三两两的村民们，正在挥舞着镰刀收割，丰收的喜悦，律动在他们的眉眼间，脸上的笑容和光泽，简直比天上

的太阳还要耀眼明亮，凡·高的《收获的景象》不就是这么一个画面么：大面积金黄的麦田，麦浪随风翻滚着，有人挥舞着镰刀在收割，还有稀疏的几座简陋房子。三百步湾的梯田，错落有致地绕着瑶族村落瓦房，梯田在村中，村在梯田中。你可以站在瑶寨看层叠梯田，你也可以站在田埂遥望古朴瑶寨，不管怎么看，都会有一种惊艳之美——古寨静静矗立着，泛金的稻浪迎风起舞，一动一静，既艳丽华美，又原始素朴，还蕴蓄着热情的生命冲动，而且还可以美美地饕餮。

饕餮啥呢？稻田鱼呀！这可是美味无比的原生态美食哟！大古坳村在800米的高山地上，稻田养鱼是千百年流传下的耕种习惯。注意到了么，大古坳的很多梯田里，都会留有一个小池子，那便是用来养稻田鱼苗的池子。池子上接着一根竹竿，水从竹竿汩汩流进池子。此外，每当9月，收割后的稻田，会在中间挖开一条沟，水往沟流，稻田鱼也跟着水流往沟里游去，于是，就可以轻松捉到稻田鱼了，或煎或焖或烤，都极好吃。还有活蹦乱跑的黄鳝、小螃蟹、田螺，这从田里捞出的一桶“田鲜”，怎么煮，都是馋人的美味哟。

馋人的，还有随着季节的变化，梯田在一幅幅美妙的画卷间穿梭。金秋稻穗沉甸稻浪翻飞，是最热烈也是人们最熟悉的画卷。其实，梯田的美是行走的，金黄稻浪只是其中一个画卷，还有其他三个画卷，同样也孕育着无限的希望与美好。

第一个画卷，降冬雪兆丰年，黑瓦白雪，简洁肃静的版画。

金色稻田映晚霞（大古坳）

收割的季节（大古坳）

冬日（大古坳）

田园诗意（大吉坳）

第二个画卷，大古坳梯田每年只种一季稻谷，春夏水满田畴，尤其是每年“芒种”之后，这里的梯田放满水，层层梯田，波光粼粼，如同一面面奇幻的“魔镜”，倒映着蓝天白云，好一番“天光云影共徘徊”的意境。

第三个画卷，忙碌的犁田，开始啦！此时，大古坳会举办一年一度的“排瑶梯田文化节”。

白天，在如阶的梯田中，瑶民跳起流传千年的长鼓舞，来一番“舞动瑶山·梯田讴歌”的瑶族风情表演；游客们可以在“魔镜”上，或跟随玩玩徒手抓鸭子，重温儿时玩耍的乐趣，或玩玩插秧大赛，跟着瑶民们插下翠绿秧苗，插下农耕无限的希望；夜幕降临，瑶民腰挎竹篓，手持火把，到一块块田间“魔镜”，捡田螺。这幅水满田畴的质朴画面，尽显大山的原始，尽显大山的美好。

梯田夕照（大古坳）

大掌排风光

金坑林海翠层叠，半山瑟瑟半山红

车沿着翠绿绿的山道，绕弯，绕弯，绕了九曲十八弯，终于绕进了金坑林海。

金坑林海，位于连南县城以北约25公里的金坑乡，是国营金坑林场的所在地。

一进林海，铺天盖地的绿，如果是冬天，碰上下雪的日子，这环绕大山的林海，该是电影《林海雪原》的壮阔感觉：茫茫雪海，碰一碰身边的树，也是一身的雪色了哟。

杉树

我去的时候，已是秋天，还下着下雨。秋天，没有雪，金坑林海，却有万种风情。

一座座山，与天连成片，笔直笔直的杉树，一望无际，翠翠绿绿，密密匝匝，成排成林，茂密得找不出空隙，它们手拉手，肩挨肩，像团结在一起的兄弟姐妹，不怕酷暑，不畏严寒，层层叠叠，一年四季地绿呀绿。金坑，果真不愧是“杉都”呀！

有山就有雾，满山的云雾，绕着茂密的杉树林，飘来飘去，一会儿整个山头的杉树都不见了影，白茫茫一片；一会儿，又露出了绿绿的杉树枝头，摇摇曳曳地扯着云雾，好一番剪不断理还乱的柔情。

很快，到了牛头村附近，旁边有个小亭子，亭子上的回廊印着瑶族的刺绣元素。走进小亭，遥望，还是一片云海茫茫。等等，再等等，美景总是需要耐心地等待哟！

等什么呢？——等云雾散开呀！

看什么美景呢？——看云上瑶寨呀！

云上瑶寨，好有诗意哟！

杉树尖的云海，如轻纱漫舞。等呀等，大概10分钟后，对面的山壑，曼舞的云海，缓缓地散开了一些，隐隐约约地现出了几座平房，红泥墙，黑瓦房，寨子真的是在缭绕的云端里，好似仙人居住的地方哟。此时，脑袋里就冒出了一行字——云上瑶寨，蓬莱仙境。

只是，还没来得及细细欣赏一番云上瑶寨的仙境，也就一两分钟光景，云雾浓浓聚拢，完全淹没了牛头村。云上瑶寨，只在此山中，云深不知处。

一路再沿着云雾缭绕的山道奔驰而去，沿途见到路边堆着很多砍下的杉树，伐木工人正在勤快地把木头搬上大货车。货车一响，把杉木送出金坑，再把外面的精彩进山里。山嘴根，便是这种精彩的见证者。

山嘴根村口，有一栋两层楼的欧式风格建筑，青砖墙，圆拱形大窗户，廊墙装饰着花纹小圆柱子。据村中的人说，这是时代的产物，是20世纪60年代，大概是1966年由生产队建起来的，主要是生产队开大会时用的场所。现在已经卖给了大龙村委，挂上了“连南林业局山嘴根护林站”。

但实在很难想象，在当时这么偏远的山嘴根，竟然会有这么一栋洋气十足的房子。我猜想，或许早年这个偏僻的山嘴根，就有乡绅外出留洋，由此带来了一种西洋风吧；也或者，是因为当时曾来过不少外地客商，给当地带来了一股西洋风范。据当地人说，在20世纪80年代，山嘴根还曾被称为“小香港”，饮食店、酒店、发廊、鞋店等非常兴隆，因为金坑林海出产的杉树木材，质地柔软，具有特殊的香气，并且比较耐潮湿，所以非常适合做家

大龙晨曦

具、船舶等，由此吸引了很多外地客商来金坑大龙进木材原料。由于地处偏远，晚上客商们都居住在山嘴根，很快就带旺了这一带的商业。

时光流转，事事流变，“小香港”山嘴根已不复从前的热闹，但金坑，却始终如一，依然是山峦翠叠，林海茫茫。金坑人辛勤地种植着杉树，每一棵杉树大体都要花上十三四年的光阴，才能成材。那是一种漫长的呵护，那是一种漫长的相守与陪伴。

也是运气好哟，午后，雨停了，太阳出来了，陪伴了我们一上午的云雾渐渐散去，这时候的金坑林海，绿红驳杂，层林尽染。只见，山上一大片一大片的绿，碧绿幽深；还有一大片一大片的红，像染过一样，那是成熟的杉树，已

山雾弥漫（金坑）

经砍下来准备做木材，被阳光一照，叶子变得更为红橙亮眼。

这之中，就有一个很有趣的关于金坑林海的独特风情了。

原来，金坑这个地方，山高，坡陡，太阳很容易就被挡住了，不论哪一个方向，不论哪一个山头，都只能照半天的阳光。很多树，在金坑都不能生长，而杉树，却是不需要太多阳光就能成长的树种，所以特别适应金坑的独特自然环境，生长得特别茂密，成片成林，实打实是一个名副其实的“杉都”。

每当这边山头照着太阳，受阳光多的杉树林，呈现一片红；而那边山头，受阳光少，或者基本照不到阳光的杉树，就呈现出深深的碧绿色。光色变化的景象，使金坑林海独有了一种“半山瑟瑟半山红”的诗意风光。

山嘴根古建筑

金坑林海，适合慢慢沿途欣赏，它的翠绿层叠，它的“半山瑟瑟半山红”，它的“云上瑶寨”，它的“山嘴根”西洋风……就像一幅幅光影油画，缓缓地，绽开，蔓延，无边无际。

雾中瑶家（金坑）

银盏坑正坑：各美其美，满满的童话味道

穿过大龙村，便进入了大龙山采育场。车时而绕弯而上，时而绕弯而下，山路两边绿树，枝蔓缠绕，野气十足，时不时地，从左边搭过右边，又从右边搭过左边，勾勾搭搭，缠缠绕绕，车仿佛在绿色的海洋中“航行”。

从绿色海洋“航行”出来，峭壁耸立，山高天远，抬头望蓝天，眼睛刚看了一眼天上飘飘的云朵，倏地一下，又钻进了绿色的海洋。阳光透过缠缠绕绕的树隙，落下一圈圈光影。见一山民，踩着一圈圈光影，悠悠地走着，他身后跟着一条大黄狗，也在悠悠地走着。这场景，很容易让我想起一部电影——《那山那人那狗》，人与自然，人与动物，温情脉脉，岁月静好。

车在移动的光影里穿梭，竟然又见到了狗狗儿。那是三只小狗，正在路中间推搡着，你叼住我的尾巴，我推着它的脸蛋，它扯着你的爪儿，任我们怎么按喇叭，它们依然我行我素地打闹着。好一会儿，其中一只小狗跳到了路边，另两只小狗追了过去，它们汪汪汪地欢叫着往林子跑去。大山深处，连狗儿，都有着很纯朴、很任性的快乐。

哗哗哗，哗哗哗，一声声轰响！银盏坑到啦。

下车，沿着小小的泥土路，过一小水电站，往前寻去，十几米宽的河床，石头遍布。走十几米远，便见有瀑布从高高的山头，从浓密的绿树丛中，散射成无数条白色的急流，飞奔而下，大有一番唐代诗仙李白所描绘的“飞流直下三千尺”的气势。

一路伴随“哗哗哗”的轰鸣，很快就到了岔路。往左边拐

水清石美

石桥错落有致

去，三条石桥，层叠向上，错落有致，桥身斑驳，皆为圆拱形。

走过最低矮的石桥，越过杂草丛，便进入宽阔的河床，眼前绿影盈盈，白光片片。

绿的是水，映照着青山、蓝天、绿树。这水有多清亮？野生鹰咀龟对水质的清澈要求可高了。据大龙村的人说，在20世纪90年代，河里的鹰咀龟可多了，随手都能抓到十几只，如今也依然还能抓到一些鹰咀龟。

白的，不是天上的白云。天上的白云，本来就白白的，这有啥稀奇。稀奇的是，大块大块的石头，全是白白的，白白的，像个大面团。很好奇吧，银盏坑的石头，为啥能那么白？那是因为这里常年水质清冽，把石头都洗涤得美白美白了哟。

其中有一块白石头，非常平整，像张床似的，爱做梦的你，不妨小憩

飞瀑

深潭古韵

河床急流

一会儿，或坐或躺到雪白的“床”上，看鱼儿在床边游来游去，看青山、蓝天、绿树的倒影，发一阵呆，眠一会儿，心晃晃悠悠，眼晃晃悠悠，满满都是童话的味道。

如果，你正好与友人同游，不妨再来点儿瑶家小酒。四周的山花，灿烂飘香，你和友人，坐在雪白的大石床，就着花香，与山风对酌，也自有一番“两人对酌山花开，一杯一杯复一杯”的幽幽古韵。所以，如果你哪天要来银盏坑，请记得带壶小酒哟，过一番古人山中对饮的瘾，于半醉半醒中写一首美好的诗，岂不快哉！

其实，像银盏坑这样的美景，还有很多，比如说，中秋坑，一个个深潭，纯天然的泡澡池。当然啦，就像皇帝有很多妃子一样，虽然妃子们都很靓丽，但是能当上皇后的，却一定是雍容华贵，气场十足。又或者，就像大将军和小将军，大将军手下的很多小将军，猛则猛矣，但都缺乏点气势，待到大将军一出场，气势凛然，一刀定乾坤，而正坑峡谷，亦如此。

银盏坑、中秋坑之流，都是正坑峡谷的旁支，各美其美，但正坑峡谷比之它们，更有一种让人惊叹的气势：河床宽阔很多，水流轰轰，尤其是两边的石壁，陡峭无比，神仙要站稳，或许都得费点劲儿吧。因而，当你看过了中秋坑、银盏坑，再去看正坑，你一定会惊诧于它的气势，一定会感叹——正坑，果然“正”得阔大、陡峭，不同凡响！

大龙村这片原始次生林，参天古树遮天蔽日，各色植被疯长，树与树之间盘根错节，层层叠叠，充满了古老的原始气息，水流充沛，一个个山坑遍布。一整天，在大山大岭转悠，在一个个山坑转悠，连信号都没有，整个人全身心地放松，融入原始的自然风光中，山高谷深、水质清澈，鸟鸣山幽，光阴如此静美，恬淡！而且呀，还可吃到很多纯天然的野果子。

红艳的野草莓，乌紫的山稔和地稔，随处可见，摘一簇放嘴里，清香又清甜；还有酸梅、构树果，红红紫紫，一看就很诱人，吃到嘴里，酸甜无比，吃都吃不过来。还有野番茄、鹞婆刺、九节草等众多的野树野果，那是可以药用的哩。

在银盏坑，我曾遇见一骑摩托巡山的小伙子，他说：“当地女子坐月子，就用九节草烧水洗澡，可以去风；平时过日子，大龙村人也喜欢用九节草防治风湿。”与大山大岭相依的大龙村人，从一草一木，学会了过日子的本领与智慧。他们的人生，恰如山野小花，一层喜悦，一层绽开，自自然然，温温润润。

置身九寨梯田，原来时光可以这样温柔以待

天凉好个秋！积蓄了一年的期待与向往，大麦山九寨梯田，翻滚起了金光闪耀的壮观稻浪。

九寨梯田，离三江县城约45公里，处在群山间，山头上一年四季林木葱茏，雾岚缭绕。每逢金秋时节，被森林层层怀抱的1600多亩稻田，此起彼伏，翻滚起金色稻浪，沿着一座座山，从山谷盘旋到山顶，壮阔无比。

站在山脚，抬头望，那层层叠叠的梯田，缠山绕坡，高高低低，错落有致，与蜿蜒曲折的田埂线条，交织出的流动光影，迂回优美，仿如流动的歌谱。人走在窄窄的田埂上，就犹如踩在五线谱上，满心儿的音符跳动，风一吹，衣袂翻飞，人也不由自主地手舞足蹈起来。

这时候，我总是有这么一个好玩的想法：怪不得寨子里的阿贵哥/莎腰妹都那么会唱歌跳舞，原来，他们的日常生活，都是踩在了大自然的五线谱上，那才是真正的天籁之音呀，那才是真正的生活之舞呀。

待跑到山头，极目张望，金黄色稻浪，如瀑布般，从山顶倾泻而下，把群山倾泻成了一张巨大的金黄色地毯。风一吹，金黄色地毯摇摇晃晃，仿如一张飞毯，似乎要飞起来了。还记得电影《阿拉丁神灯》里的那一张神奇飞毯吗，英俊的阿拉丁和漂亮的公主，坐着飞毯，奔向幸福的人生。而此时，积蓄了一年的辛勤劳作，终于种植出了这张巨大的金黄色稻浪飞毯，对大麦山的人来说，这也就是一张奔向人生的幸福飞毯吧。

山顶上，山腰间，有袅袅炊烟，有乌瓦泥墙，有白墙红砖，错落在巨大的金黄色地毯中，仿如一间间童话小屋。这童话小屋，其实是一个个原始瑶寨，为环抱的群山，为金黄的梯田，增添了神秘色彩。这上千亩的梯田，是这里世代瑶民生存的根基；山高路远，这里依然保留了最传统的耕作文化，

九寨大麦山梯田

瑶民们使用着最古老的农耕技艺，每年都与一头头黄牛，共同开垦美丽的梯田。

山寨绕着梯田，梯田包裹着山寨，梯田与山寨，一年年，亲亲密密，相亲相爱，解读着群山怀抱中的田野密语。而深深懂得这一番田野密语的阿贵哥和莎腰妹，也一年年，任性地，缠绵地，把他们的爱，洒落在梯田间，洒落在稻浪里。

城市的青年男女，穿越靓丽的都市高楼，谈一场秾丽时尚的恋爱。而大麦山的青年男女，则是在山野的金色花毯，载歌载舞，谈一场田园画卷般的金色恋爱。你细心地看看，常常会有身穿瑶族盛装的阿贵哥与莎腰妹，隔着梯田，“讴莎腰”对唱情歌，深情款款地谈一场“梯田间的爱情”。光阴这么的温暖，莎腰妹这么的漂亮，阿贵哥这么的多情，讴莎腰的情歌，这么的甜美。

在暖暖的秋日，置身如此美好的金色光景之中，或漫步田边，或发呆远眺，或捕捉镜头，金色漫延了脚步，金色漫延了目

瑶山深处有田耕（大麦山）

美丽家园（大麦山）

光，金色漫延了镜头。原来，时光竟然可以这样温柔以待，竟然可以这样浪漫拥有。

时不时，弄出一番悠闲，弄出一番诧异，那是一缕缕情不自禁地如期赴一场与九寨梯田的秋日之约的目光，他们总是嫌镜头太窄，辞藻太苍白，无法勾勒出金色梯田的迷人轮廓。

时不时，丰收的喜悦，从笑眯眯的眉眼，跃然而出，那是一种满足的美，那是一种幸福的笑，那是属于大麦山人的笑，就像那首唱得人满心儿欢奔喜悦的《在希望的田野上》——“我们的未来 在希望的田野上，人们在明媚的阳光下生活，生活在人们的劳动中变样，老人们举杯，那个孩子们欢笑，小伙儿弹琴 姑娘歌唱……”

错落在九寨梯田的，还有丰茂的一年蓬。一年蓬，顾名思义，从生根发芽到开花结果全过程都在一年内完成。一年蓬，花型小，花白，色淡雅，但生长姿态却热烈而奔放。想来，开满山坡和田边的一年蓬，或许与九寨梯田的某些本质特征也有些相似吧。尤其是从落地生根的那一天开始，热烈与奔放，便是一年蓬的人生信条，而这，不也正是大麦山瑶民们人生的一种写照么——热烈地劳作，在金色的稻浪中，奔放地跳舞，奔放地歌唱丰收！

大麦山榕树：一树榕荫一溪梦

一方水塘 波光粼粼
一条小溪 碧水潺潺
一棵古榕 浓荫绿盖
撑起了村的门面
撑起了家的荣光
撑起了梦的千年

这首短诗，是我去大麦山镇白芒村游玩后，有感而写下的。

一棵古榕，一条小溪，一方水塘，这是进入大麦山白芒村，蜂拥而至，让人眼睛发亮的三色风景。这三色风景，就像一个家，和谐又温馨——榕树就像个壮硕高大的男人，水塘像个温润妩媚的女人，小溪则像跳跃变化的孩子，他们一起把村庄搅动得春光乍泄！

我曾经去过两次白芒村，一次是雨天，一次是晴天。

第一次去白芒村，碰上哗啦啦的大雨。等了好一阵，大雨都不停歇，于是便冒雨进村。村前，一棵高大榕树，隔着厚厚的雨帘，直撞入眼帘。

我抬眼往上望，想看看榕树到底有多高，刚一抬头雨哗啦啦地淋了下来。赶紧跑到大榕树下躲躲雨，想不到竟然还看见树下有些许地方是干的。枝叶浓荫，都能遮挡大雨，可想而知这榕树是多么的阔大。

能不阔大么？白芒村人说，这棵榕树已经是千岁翁！它称得上是白芒村最古老的原住民，千年光阴，斑驳沧桑，枝繁叶茂，一直殷勤地庇护着乡里乡亲。

大榕树下，一树榕荫一溪梦

鸭子在榕荫下嬉戏

在中国传统村落，村头村尾一般都有一棵榕树，那是有一定的历史原因的。在中国传统文化中，村头村尾种上榕树，那是这个村的标志树和风水树。树神守村，就是保佑着一村人一族人的平安。或许在白芒村人眼里，这棵千年古榕，就是这么一棵神树，它撑起了村的门面，撑起了家的荣光，撑起了村庄与村人的千年美梦！

榕树旁有一座石桥，榕树下有一条小溪。隔着石板路，与小溪相邻的是一方水塘。绕上石桥，眺望，山朦胧，村朦胧，水朦胧。水中榕树的倒影，也是一片的朦胧。山色空蒙雨亦奇！此时的榕树、小溪、水塘，都是那么安静，静静地守着光阴。

同样朦胧的，还有那一段不长也不短的石板路。此时，如果有个撑着花伞的姑娘走过，那情那景，或许也有几分戴望舒《雨巷》的味道吧。

如果你是个女儿家，碰巧雨天去了白芒村，请记得，一定要撑着花伞，走一走雨中的这段石板路。

第二次去白芒村，太阳当空照，白云天上飘。

榕树还是那棵如男人一般壮硕高大的古榕，水塘还是那方如女人一般温润妩媚的水塘，但古榕树下的小溪呢，却不再是雨天里的朦胧温静，而是变幻得张扬欢快，演绎着一幅让人怦然心动的"水光潋滟晴方好"的美景！

穿村而过的小溪，水色碧绿，水波荡漾。千年古榕落在碧绿溪水中的倒影，在阳光照耀下，光彩熠熠。一群群鸭子，红色的掌蹼拨动着清澈的池水，悠然自得地划出一圈一圈的波浪。溪边石板上，四五六七八个村姑，在勤快地洗衣洗菜，她们一边搅动着碧绿绿的溪水，一边咯咯咯地欢笑着。

最开心的是孩子们！或趴在溪水边，或赤脚走进碧绿绿的水中，抓鱼抓虾！有顽皮的小男孩，光着身子，扑通扑通地跳进溪水，玩耍嬉戏。幸福呀——这样纯朴的童年，这样纯美的乡间游戏，竟然还在这个村子热火朝天地进行着！

如果，你想给他们拍照，不管是洗衣洗菜的村姑，还是抓虾的孩子，或是光身跳跃玩水的男孩，他们都只会有点害羞地笑

千年古榕

古榕树下村民的日常

笑，但绝不会拒绝。白芒村人说，拍吧拍吧，这都是我们的日常生活哟！

这样的日常，让人仿如误入了桃花源！时光，是静静的；笑容，是美美的；笑声，是欢欢的！一切都如此的古朴纯净，用流行的一句话来说，那是——美出了天际！

雨天，“山色空蒙雨亦奇”；晴天，“水光潋滟晴方好”——白芒村，一棵古榕，一条小溪，一方水塘，美出了千年前宋代大文豪苏东坡笔下所描绘的风致。

天湖风来波浩渺，板洞山水翠连云

人在云端上穿行，那是什么样的感觉？就是电视连续剧86版《西游记》的片头中，总是出现的那个仙气飘飘的嫦娥姐姐，在云端美美地舞呀舞，好轻盈、好唯美的感觉。

这种唯美轻盈的感觉，在哪里可以体验得到呢？——板洞天湖！

板洞水库

第一次到板洞天湖，飘着毛毛细雨，浓雾缭绕，快到天湖时，感觉车都是在云雾里穿行。待到了天湖，下车一看，湖面烟波浩渺，一团雾，一团雾，又一团团雾，随风散开，瞬间又层层聚拢。整个天湖，朦朦胧胧，不见树，不见水。你在我的身边，如果不手拉着手，都感觉瞬间会被隐没在云雾深处。

也就瞬间，云雾突然又散开了一点。隐约地看到了湖边的树，湖中的大坝。踏上云雾聚拢的大坝，往左右两边遥望，还是一片烟波浩渺。沿着堤坝，一步步往前，衣上是雾，手上是雾，脚上是雾，整个人轻盈盈起来。穿行在云端，有一种腾云驾雾、飘飘欲仙的感觉，如果你再浪漫点，提起裙子，轻轻地转上一圈儿，呵呵呵，那就是好一个在云端里美美旋舞的嫦娥。这感觉着实太美好啦。

所以，每当别人问我去板洞天湖是怎样的感觉，我都总不忘先来一句宋

代才女李清照的词——“湖上风来波浩渺”，接着再来上这一句——就像仙气飘飘的嫦娥姐姐，在云雾缭绕的天宫旋舞的感觉。

“湖上风来波浩渺”，这只是板洞天湖给人的其中一种唯美感觉，还有另一种唯美的感觉，便是——“水光山色翠连云”。这是晴天的板洞天湖。

晴天的板洞天湖，一座座翠绿的高山，一片片翠绿的树林，一望无际清澈碧蓝的湖面，像丝绸一样柔软。远近的青山，倒映在碧蓝的湖水中，恰如一颗颗遗落在绿色丝绸之中的蓝宝石。

蜿蜒的湖水被群峰拥抱，山是硬朗帅气的，水是温润绵柔的，一山一水，相亲相拥，波光粼粼，游鱼成阵，时有鸟儿滑过湖面，风雅清幽。掬一把湖水在手，凉丝丝，清柔柔，“我见湖水多妩媚，料湖水见我应如是”，

板洞寒冬瑞雪飘

湖水妩媚动人，心宁静祥和，超然洒脱。心中漾起的还是宋代才女李清照的词——“水光山色与人亲，说不尽、无穷好。”

如果，你喜欢拍照，板洞天湖，任何一处风景，随手一拍，就是大片的感觉。如果爱美的你，喜欢花，那正好，高山树林开满了很多不知名的小野花，连空气中都裹挟着小野花的阵阵清香。好吧，这时候捧上一把小野花，随手一拍，绝对是很清纯的海报女主角。

说了半天，这种既仙气飘飘又说不尽无穷好的板洞天湖，在哪呢？就在距离连南县城78公里的地方。

其实，板洞天湖，是一个水库。不过，这个水库可是大有来头。海拔1000多米，面积23.08平方公里，附近群山，连绵起伏，是广东省水库建造中海拔最高的一个人造水库湖泊，被誉为“板洞天湖”。而且，这也是连南有史以来最大的建设项目，从1986年开始立项，直

鸟瞰板洞天湖

到1990年开始动工，于1994年建成，这前前后后历经了8年，记载着连南人民的奋斗精神与气魄。

板洞在还没建设水库之前居住的大都是过山瑶，后因建水库，从板洞村移民到了牛塘居住。也许鲜少人知道的是，这个板洞村曾经有“广东泸沽湖”之称。

在中华人民共和国成立以前，瑶民由于不堪忍受统治者的歧视与压迫，举家躲进大山之中，过着游耕游居的艰辛日子，被称为“过山瑶”。过山瑶，一般在这座山里住上几年，当山里的自然资源匮乏了，他们便又搬到别的山头去住，就像游牧民族一样，见一山，住一山，过一山。

板洞村的过山瑶，是从广西、湖南等地迁徙而来的，几户人、十几户人就聚居在一个山头。他们的婚姻方式很奇特，和云南泸沽湖的摩梭人差不多，都是“走婚”。不同的是，云南泸沽湖的摩梭人，实行“男不娶，女不嫁”的“走婚”制度，男人都不住在女方家；而连南板洞的过山瑶，虽然也是“走婚”，但走婚男女双方，却是相对固定的，族规里还规定，女儿不能嫁出去，只招女婿入门，严格实行“女娶，男嫁”制度，即男子入赘女方家，住在女方家。

婚后，生下孩子，更有严格的族规：第一个男孩，一定要跟母亲姓，有了第二个男孩才跟父亲姓。有时候往往是亲兄弟都会不同姓，那是因为一个跟母亲姓，一个跟父亲姓。至于女孩，在重男轻女的年代，跟父亲姓或母亲姓都有，甚至跟奶奶姓的也有。

不过，随着中华人民共和国成立后移风易俗，如今这种严格的族规，已经慢慢淡化了，女子可以嫁出去，男子也可以娶新娘进来，婚后生育的第一个男孩子，跟父亲姓的也有很多了。

时代在进步，生活在变美！游耕游居的板洞村过山瑶，已经安居乐业在牛塘；曾经群山高耸的板洞村，也已经变成了美轮美奂的板洞天湖，成为一个风雅清幽的旅游胜地。

板洞天湖

美艳哟！南门桥！三江河！

生命中，总有一些事物，会让你一而再地喜欢不已，比如说，南门桥。

南门桥，就在三江县城，这是一座横跨县城三江河东西两岸的大桥。离开家乡多年的我，沿袭着这样一个习惯——每当回到连南，总是喜欢去南门桥溜达溜达。一是因为此桥就在县城中心地带，一到夜晚，璀璨生辉，朋友相聚，似乎都喜欢选择到南门桥附近；二是从这座桥沿着河堤一路走，便可回到我出生成长的、可亲可爱的美丽故乡——梅村。所以，每一次去南门桥溜达，对我而言，似乎都有一股特别的情绪。尤其是在黄昏时分，两岸是疏朗的树，天上挂着淡淡的月，桥上洒满流金的光，整个人满心儿随月随光，泛起光泽，氤氤氲氲，流动着，美艳着。

先说说南门桥是一座怎样的桥吧！它是连南境内主桥最长的钢筋混凝土双曲拱大桥，主桥长100.2米，宽12米，跨径总长5×15.4米。据载，当时建桥的资金，由连南县政府投资50万元、省交通厅补助25万元、民众集资35万元。蕴蓄着美好的愿望，集政府和社会民众的力量，该桥于1992年8月动工，1993年8月竣工。南门桥建成后，人流车流，络绎不绝，东西两岸交通顺畅起来，此桥亦成为县城及周边年轻人“轧河堤”时必经的一座热门之桥。

大城市高楼林立，光华璀璨，大城市里的年轻人，爱轧马路轧大街，感受时尚都市风。连南小城，山清水秀，有着“九山半水半分田”的山野浪漫气息。白天，沿着县城的三江河两岸，树木葱绿，周边山体相连，经常还能在清清河水里，看到山山连绵的倒影，这让三江河更添了几分山间灵气。早年，我在连南县城民族中学读书时，有位从外地来此教学的老师，曾多次在课堂上这么盛赞：“连南，就是一个小桂林，真美哟！”好自豪哟！这话也一直深深地刻在我的脑海里，记得一清二楚。

南门桥

夜色下的南门桥

三江河

如果说，白天的南门桥，散发着一股股山间的灵气。那么，夜晚的南门桥，则完全可以用美艳来形容！

最近一次回连南，是在6月初。月上柳梢头后，南门桥上的彩灯亮起来了，远远望去，整座桥流金溢彩。待走近桥头一看，桥上绵延的金色灯光，倒映在悠悠的水面，撞上洒在江面上的清冷的月光，晚风一阵阵拂动江波，月下的江波随风流转，波光潋滟，穿过五个桥拱下蓝莹莹的光影，一闪一闪，裹挟着璀璨的梦，一起流向远方。

这醉人的光景，常常让我脑袋瓜里晃荡出了唐代诗人张若虚笔下《春江花月夜》的那种唯美感觉——“滟滟随波千万里”。此时此刻，心中眼中都满是诗意，兴致来了，自然也忍不住会轻吟一下《春江花月夜》。对我这个早已远离家乡的人来说，每每站在流金溢彩的南门桥，心流金，神溢彩，再默诵一下张若虚的“春江潮水连海平，海上明月共潮生。滟滟随波千万里，何处春江无月明！江流宛转绕芳甸，月照花林皆似霰……不知乘月几人归，落月摇情满江树”，似乎还真有些人情入境的感觉。我无比喜欢这种感觉！人生流转，光华璀璨，我的过往，我的念想，此时此刻，可触可感，且美且艳。

如果此刻，穿上瑶族服饰，去南门桥溜达，再站在南门桥下华表式的灯柱下，那当真更有一番美艳。因为，南门桥的栏杆上雕刻着很多瑶绣的图饰，华表式的灯柱上面，擎着品字形的灯盏，灯盏的基部是极富瑶族特色的长鼓舞造型。一个女子，着一袭瑶族美服，纤手轻扶雕刻瑶绣图饰的栏杆，身子斜倚长鼓舞造型的灯柱，要多美艳就有多美艳哟！

其实呀，不仅南门桥上有众多的瑶族元素，从南门桥开始，沿三江河堤坝而上，都能看见用小石头做的很多造型，比如，有铜鼓、牛角、火枪等连南瑶族原生态文化的元素，也还有酸缸塔、煤油灯、石磨、烟囱等已经流逝的一些素朴生活元素，满满的都是岁月留痕的温润感与美艳感。

当然，温润的，美艳的，还有三江河边的一座座房子。这些房子，低矮，大体只有两三层，平常看显得一点也不起眼。但在夜晚，被南门桥的金色流光辉映后，色泽柔和，每每透过疏朗的林梢望过去，仿如一座座溢彩流金的小庄园，散发出恬淡的浪漫的欧美风情，当真是美艳无比哟！

南门桥

第四辑

连南之味：

奇香奇味，美名远扬

瑶族美食

大锅菜大盆菜，庸常日子里的一首温婉长诗

田里的稻谷割了，地里的玉米收了，山上的花生也拔完了，冬天到了。

冬闲的日子，火炉堂的火，“滋滋滋”地烧着，三脚猫上的大锅菜，汩汩汩地冒着热气。一家人，静静地，静静地，坐在火炉堂，享受缓慢悠长的光阴。

中国是传统的农耕社会，入冬以后，农事渐少，余闲时光日渐增多，古人称这段时间为“冬闲”。不过，古人的“冬闲”，其实并不是闲着不去做事，而是在没有农事的冬日里，会做一些闲雅之事，比如说，女性会学做女红，男性则习射练武之类的。当然，各地的冬闲，亦各有各的不同，比如说，连南瑶民的冬闲时光，常流淌在火炉堂，散漫在大锅菜。

瑶民饮食起居的房子，面积不大，中间是厅，左右两侧是房间，火炉堂就设在厅子里，几乎占了一半。这火炉堂，不仅用来做饭，也是招待客人的客厅。从前，瑶民家是没有桌子凳子的，只有木板。瑶民们吃饭，最原始的吃法，也不用盆不用碗碟将菜装起来，而是直接围着火炉堂，一起吃大锅菜。

大锅菜

火炉堂的中间是凹下去的，凹下去的地方，放着一个“三脚猫”（三脚猫是一个铁圈，下面有三个脚）。煮菜的大锅就架在铁圈上，铁圈的下面，柴火“滋滋滋”地燃烧着。“三脚猫”的四周，放着长木板，瑶民一家人，就围坐在木

火炉堂

板上，一起优哉游哉地吃大锅菜。

有点奇怪吧，瑶山并不缺木头，怎么不做桌子和凳子，非要围坐在木板吃呢？曾听有瑶民说过，坐桌子，太高，小孩子上不了桌，放在地上，小孩子随便都可以吃到，一家子吃得可乐了！其实，桌子和凳子依照适度比例做，孩子一样可以坐桌子吃饭。也许，坐木板，就着大锅菜吃饭，原是瑶民对于祖先留下来的一种传统的痴迷与承继吧。

大锅菜，混合了很多种菜的风味。这些菜，很普通，都是瑶民自家种的养的，或者山地里野生的各类野菜。日子好的时候，猪肉、鸡肉、豆腐，这三样少不了，再加些蔬菜、豆类，一锅混煮，香喷喷的。日子不是那么宽松时，就到菜园里，摘些豆角、水瓜、蒲瓜、黄芽白、竹筒白、桑叶、观音菜

瑶民在火炉堂休憩

之类的蔬菜；再到山地边，寻些石韭菜、野葱、神仙菜、苦斋婆、艾草、酸筒杆、苎麻等野菜的嫩叶尖，洗濯干净后，放到火炉堂的大锅里一起煮。拉拉杂杂一锅，素素的，就像素朴的日子，也一样有无边的风味。

火炉堂，红红地烧着火。三脚猫上的大锅菜，咕噜咕噜地冒着热气。待到大锅里的菜煮熟了，瑶民一家子，围坐在火炉堂四周的木板上，一边夹大锅里的菜拌饭吃，一边聊天儿。

其实，一年四季，瑶民都会坐在火炉堂吃大锅菜。但冬日，风刮雨冷，居住在高寒山区的瑶民们，更需要也更喜欢聚拢在火炉堂，一边吃饭，一边取暖。“三脚猫”下面的炭火一直烧着，火炉堂周围一直暖流涌动，一顿饭，就算吃上三几个小时，也还是热乎乎的。比起其他季节，冬季里的庸常日子，暖和温婉，如一首安静岁月里的长诗。

这样一种漫长闲适的吃饭光阴，当然很适合喝些小酒助兴，再佐以一碟爆炒花生、一碟爆炒黄豆，喝一口小酒，嗑几粒花生黄豆，一身暖和和，满脸热乎乎，昏暗炉火下，昏暗灯影中，一家人，微微醉，微微醉着，不知是“对影成三人”，还是已“对影成六人”。

微微醉着的时光，很适合回忆，也很适合编织。大人和孩子讲讲从前的岁月，讲讲先辈的家史，或教孩子唱唱瑶歌。瑶族有语言，没有文字，口口相传是他们传承文化与承续传统的生动方式。以前瑶族又大多数居住在高寒山区，没有什么学校。因此，火炉堂里的时光，不仅是追溯一个家族，同时也是对孩子进行文化传统教育的最好时光。手脚勤快的女儿家，吃完饭后，则会守在火炉堂边，一边听父辈讲故事，一边手不停地跟着母亲学编织，把一家人的日子，编织得如冬日里温温暖暖的阳光。

偶尔，也会有把大锅菜盛上盆的日子。那是碰上结婚、满月酒的好日子，摆长桌宴，寨子里每家每户都有人来参加。客人来喝酒，时间有前后，每每有客人来了，就盛上一大盆先煮好的菜，大伙儿一起热热闹闹地吃起来。

当然，时代在变，大锅菜也在变。原始地坐在火炉堂四周木板上吃饭，坐久还是不舒服的，而且烧火时，火烟缭绕，灰尘太多，所以，都改成先煮熟一锅，装上大盆，端上桌子。瑶民也都喜欢坐着板凳，舒舒服服干干净净地吃大盆菜了。

大锅菜，虽然变身为大盆菜了，但依旧保持着朴实的本性。现在很多流行的大盆菜，山珍海味少不了，一层层叠上去，好看又亮丽。但连南瑶族的大盆菜，从材质到煮法，却依旧很素朴，山地里的豆类、瓜类、蔬菜类，依然是盆菜的主角，黄豆、萝卜、八月豆、葫芦、水瓜、黄瓜、白菜、芥菜等全放下大锅里，再加上豆腐、猪肉、鸡肉，一起炖煮。

又一年冬日来临，冬闲的好光景，又到了。

忙碌了一整年，一家人又自自然然地开启吃着香香的大盆菜，讲从前的故事，唠叨这一年的生活模式，在安安静静的光阴，一起享受温温婉婉的岁月长诗。

金黄爽口牛皮酥，远古光阴留余香

一粒粒小黄豆，一小片一小片牛皮酥，细细碎碎的香料狗蓼，还有切成粒状的红辣椒——这一碟菜，不论主料配料，都很小巧，很精致，搭配得天衣无缝，堪称完美。再细看，小块牛皮酥，形如松糕，色泽金黄，夹一块食之，爽口浑香，绵缠厚实，香酥可口。

我一边吃着香酥可口的牛皮酥，一边却被牛皮酥这小巧精致的完美搭配，刺激得一愣一愣的。在我们一般人的印象中，瑶族同胞性格热情豪爽，喜欢大口喝酒，大块吃肉，咋这碟牛皮酥，如此小块呀，真是好大的一种反差。

当然，如此细碎的一碟牛皮酥，可见要花的时间一定很长，要花的心思也一定很细，细碎的香料、粒状的红辣椒等配料，都要见刀工，尤其是一小片一小片的主料牛皮酥，更可见刀工如何的精细了。而这道做工精细的连南排瑶牛皮酥，名头可响亮了，那是广东省级非物质文化遗产哟。

印象中，牛皮，因为质地非常的坚硬，一般都是用于制作皮包、皮鞋等皮具。能成为省级非物质文化遗产，这美味，绝对不是盖的，不仅爽口浑香、绵缠厚实，还可暖胃壮阳。至于制作工艺，更绝对是一流的，需要一双很巧很巧的手，一段很缓慢很缓慢的光阴，还有对传统文化的敬重之心。

牛皮酥

生活在山地，以耕山和狩猎为生的连南瑶族先民，长年生活十分艰苦，偶尔杀猪宰牛，肉都要拿到集市上去换取生产、生活用品，只留下些不值钱的内脏等自己吃，当然，还会留下牛皮。连南排瑶在杀牛时有一个传统习惯——将牛皮割下来以后，再割

品尝一口牛皮酥

成一条条重达一两斤的块状，然后用绳子串起来，不添加任何防腐剂或盐等调料，直接将生牛皮吊挂在火炉堂上，或钉在木谷仓外风干。

在一般人眼中，牛皮的皮质，细腻硬韧，牢固耐用，一直被用于制作工艺品，但是，聪慧又富于创造的连南瑶族人，经过千百年漫长岁月的不断改进，却将常人眼中只能制作工艺品的牛皮，秘制成一道特色美食“牛皮酥”，松、软、糯、香、爽口，五味兼具。

据说，从前，因为生活拮据，饭桌上如果有牛皮酥，对于连南瑶民来说，那一定是在喜庆而重要的日子；如果哪家瑶民舍得用牛皮酥招待客人，那一定是把客人当成了座上宾。

但我实在很难想象，熏干或风干的牛皮，质地如此坚硬，到底是如何弄成一小块一小块的牛皮酥？

“这说来话长，要制作这道牛皮酥，需要花一整个下午的时间。”瑶民告诉我说，制作工序很烦琐，从烧、捶、清洗、焖炒，每一步都非常讲究。

秸秆起火，木头烧红，将风干的牛皮，放进火灰中烧烤，在强热中，牛皮被烤得噼啪作响，爆成蜂窝。烧烤时，火小了烧不透，火大了容易烧成炭，所以火候的大小和均匀，都非常关键，只有火候恰到好处，牛皮才能不韧不硬，香酥可口。

一个女子拥有了美人胚子，就具备了成为美女的潜质。烧得恰到好处的牛皮，亦是如此，具备了成为一道美食的潜质，接下来就是对烧得恰到好处的“美”牛皮，进行锦上添花的一道道制作工序了。

将烧透后的牛皮，迅速取出，放在硬木墩上，用硬木锤反复捶打，并撕碎。注意啰，刚出火的牛皮，不能用铁锤去捶打，因为铁锤容易使牛皮迅速降温，一降温捶打起来就容易变碎，而使用木锤反复捶打的牛皮，降温缓慢，可以撕碎成一小块一小块。接下来，把一小块一小块牛皮洗净灰尘污垢，再配上炒黄豆和香料，缓缓地焖煮。

用火烧过，用锤子捶松，清洗干净，再炒香焖煮，经过一整个下午的辛勤劳作，一道形如松糕，色泽金黄、清香四溢，令人垂涎的牛皮酥，终于可以隆重登场了。

成就牛皮酥这道美食，要花费一整个下午的光阴，这让我仿佛听了一个有些漫长的故事。试问，有多少人愿意用这么长的时间，去侍弄一道传统美味呢？如今，随着生活富足，受现代文化的冲击，掌握传统牛皮酥烹饪技艺的民间艺人已越来越少，所以牛皮酥并不常有，不过三江河边，有好多家食店，还有牛皮酥这道美味。

时光飞逝，流光容易把人抛，红了樱桃，绿了芭蕉。但是，任时光如何流逝，连南一些排瑶人，却一直固守着这种传统美味和传统技艺，他们是非常懂得珍惜传统、珍惜美好的人。也正是他们的懂得与珍惜，我们至今还可以吃到这种制作工序繁复、可口美味的牛皮酥。

如果你到连南游玩，请一定要去尝尝牛皮酥，这不仅是满足自己追寻美食的心理，满足自己饕餮美味的口感，也是对远古技艺的一种感受与回味，更是对远古光阴的一种珍惜与美好享受。

小蹄大作，手齿留香

每次回连南，我都喜欢和朋友们到三江河堤沿岸的美食街，去寻地道的连南美食吃。

三江河沿江两岸的特色美食街，有几十家小酒店。这些小酒店，经营的美食虽然各有不同，但是，其中有两样与牛相关的连南风味招牌菜，却几乎是每个小吃店都有的，那就是——焖牛蹄，爆牛皮。

先说焖牛蹄吧。这牛蹄对食客绝对具有一种特别的吸引力。概因用猪蹄做的菜式数不胜数，比如有白云猪手、花生炆猪手、猪脚姜等，但用牛蹄做菜，却比较少见。一只小牛蹄，连南人却可以“小蹄大作”，让人吃得手齿留香，回味无穷。也因此，到了连南，很多食客必尝的一款菜式必定是——焖牛蹄。

焖牛蹄，15元一个，热气腾腾，红红的，端上来，挺硕大的，用筷子夹着吃总觉得碍手得很，还滑溜，嘴也咬不到，人都感觉像个受气的小媳妇似的。因此吃牛蹄，要豪气，要不顾斯文，最过瘾的吃法是双手抓着吃，这样才够风味。你也根本不用担心被人说粗鲁，因为在沿江路吃牛蹄的人，全都是用手抓起，豪迈地放入嘴里。有些店的菜牌上把这道菜写成“香辣牛蹄”，我始终觉得“手抓牛蹄”这个名字更切合这道菜式，一则形象生动，二则气势豪迈。

吃手抓牛蹄，得趁热吃，那种又辣又香又热的味儿，才更能对嘴巴形成一种味觉撞击。两手抓起牛蹄，一口咬下去，牛皮软滑，牛筋十分有嚼头，嚼劲和辣劲十足，很有一种味觉的冲撞感，辣得我汗都似乎要飙出来了。而由于牛蹄的胶质丰富，每当吃完一只牛蹄，嘴巴周围都黏糊糊的，满嘴留香辣，黏糊中，有一种说不出的刺激，真是越吃越想吃。于是，每人吃了一个后，觉得还不过瘾，想再点多几个手抓牛蹄，但往往会碰到档主的这样一句答复——“没啦”。

原来，手抓牛蹄这道菜，不管外地食客，还是本土连南人，都非常爱吃，往往很快就会卖完。而这道美食，制作过程比较烦琐，很讲究火候与用料，极其费时。广东有句歇后语：“牛皮灯笼——点极都唔明”。这意思是代指一些人过于愚笨，怎么说都不明白，而其原意就是指牛皮厚，做的灯笼，不太透光。因此，要想将厚厚的牛皮做得入口软滑，并熬出其中那层黏糊糊的胶质，得花不少精力和时间。据档主介绍说，先得用骨头熬出来的高汤慢火浸牛蹄三个小时，然后再用一些山区香料秘制的酱料慢慢炆至入味，接着加上辣料“扣汁”完成。店家要保证制作的品质，所以，手抓牛蹄这道菜往往供不应求。

知道么？吃得手齿留香的牛蹄，竟然是连南瑶家人率先制作出来的美食，据说，瑶族人还把牛蹄当作招待贵客的佳肴。

在中国传统文化中，牛任劳任怨地劳作，居住在山上的瑶山人，自古以来与牛更有着难分难舍的关系。连南瑶山有句歌谣是这么唱的：“山上的牛哟，你美丽大方！在盘古山地上，辛勤地耕耘着……”

传说，盘古开天辟地之时，瑶族人在山上刀耕火种，生活艰苦，于是玉帝派牛王下凡，从此风调雨顺、五谷丰登。此后，牛即是瑶人的神物。但如果有牛生病不能耕作，生活贫困又节俭的瑶人舍不得放弃，对牛的崇拜之情往往会让他们想尽办法把牛用作菜肴，久而久之，就衍生出许多具有瑶家特色的牛菜了。比如说，牛蹄，便是其中极负盛名的一道特色牛菜！

曾经看过一个纪录片，可以说，那是我至今看到最美的吃牛蹄的画面：四周稻田围绕的屋前，几个瑶族男子守在一个大锅边，柴火红红地烧着，锅中的牛蹄，汩汩地冒着热泡。瑶族男子，手抓起牛蹄，嚼一口韧性十足的牛蹄，喝一口瑶家米酒，一边吃一边笑，笑容暖暖的，眉眼间都洋溢着满足和幸福。

这个吃牛蹄的画面，很有一种穿梭感，仿佛让人穿梭到了远古的刀耕火种的原始年代。我眼前晃出了这么一句——牛蹄无限美，山中日月长！

至今，我都还在无比痴迷这个吃牛蹄的原始画面。

手抓牛蹄

当烟熏肉遇上大苋，相吸相引，清香四溢

见惯了白中带红的腊肉，当你遇到一身乌黑壮硕的瑶家烟熏肉，那感觉就像是看到了一个化着浓浓烟熏妆的女子，突兀地出现在眼前，惊诧之中，多少还是有点不那么容易喜欢上的，更何况，这烟熏肉还散发着一种浓烈的烟味儿。

不过，当你提起勇气，吃上一口，你就真的会被这股烟味儿所吸引，慢慢地喜欢上了。这就好比一段爱恋，一见钟情更重颜值的爱，容易瞬间爆发浪漫和欢快的感觉，那是一场华丽的相遇；而日久生情的爱，却是涓涓细流，了解了对方的内在独特之美，日渐倾心，爱意蔓延覆盖，心生欢喜。而瑶家烟熏肉的内在独特之美，便在于它的那股烟味儿。

烟熏肉，亦称烤火肉，这是每个瑶族家庭餐桌上常见的美味。瑶族人居于深山老林，远离集市，食肉甚为不便，故自养家猪，每年的春节前夕杀猪宰牛，家家都爱制作烤火肉。一般是把猪宰杀后，清出内脏，割下猪头，斩去四肢，将猪身“分边”，然后把肉切成长条形，用生盐腌2—3天，用温水洗过，再用竹篾或藤条串起一端，挂在烧过水、做过饭的余炭烘热的灶膛内，将铁锅反盖在灶上，如此烤上7—10个晚上，烤肉变得干爽，然后吊在火炉堂上方，任由烟熏烤炙，烤至整块猪肉被烟灰封实，然后用蕉叶包扎起来，仍吊在火炉堂上面保存。

靠火烟熏烤干而成的烟熏腊肉，外表乌黑，腊香扑鼻，肉质长年不变。吃起来，肉香溢口，有一股淡淡的烟味儿，肥肉爽而不腻，瘦肉则越嚼越鲜香可口，甚至还有“瑶家烟熏肉年头吃到

瑶家烟熏腊肉

年尾，味道越吃越美”之说。

如果你要感受一番烟熏肉的烟熏场景，不妨到三江县城的广东瑶族博物馆看一看，那里就展示有在厨房灶膛中悬挂的一整排烟熏肉，借此也可对连南的风土人情有一番生动又全面的体会。当然，你也可去南岗千年瑶寨，那里有间瑶王屋，很生动地呈现着瑶族人家的生活习俗，你可以看到火在“三脚猫”下烧着，一架架挂在火炉堂上方的烟熏肉，被烟一阵阵熏着，颇为生动地感受一番古色古香的瑶族传统风情。而此时你走到瑶寨的每一个角落，如果正巧是午饭晚饭时间，还时不时会闻到从瓦房里飘出的烟熏肉香，一阵阵，飘过来飘过去，感觉整个瑶寨似乎都笼罩在烟熏肉香的幸福氛围里。

此时，你一定会被刺激得食欲涌动，那简单了，可以直接到瑶寨的饭店，点上一道瑶胞烟熏肉。当然，如果你此刻不在山寨，还在三江县城，那也无妨，县城大大小小的食店，都会有这道瑶胞烟熏肉，绝对能满足你饕餮美味的心。

瑶胞烟熏肉

瑶家人吃烟熏肉，最常见的煮法，一般是整块洗净后，放锅里蒸熟。蒸熟后，切片，装盘上桌。孩子们盛上一碗饭，夹上三几块烟熏肉，根本不需要其他什么菜，就能香香地吃完一整碗饭了。所以，如果你要想单独品尝一番烟熏肉的地道美味，不妨点上一道蒸烟熏肉。

烟熏肉也可以炒其他配菜，比如，可以分别与冬笋、大苋、芹菜、蒜子等一起爆炒，其中大苋炒烟熏肉，特别爽香，吃货们千万别错过哟。

大苋，是连南瑶山里生长着的一种野菜，生命力很强，石头窝里只要有一点点泥都能生长起来，割之再生，一茬又一茬。生长在高寒地区的大苋，似兰花叶、似大蒜、似葱、似韭菜，其味道也很独特，韭、蒜、葱香味三合一，入口先感觉有韭菜味，再嚼依次会感觉有大蒜、大葱、微苦、甘甜的味道，非常的清鲜。

当烟熏肉遇上大苋，那绝对是相吸相引的诱人场景：先把烟熏肉切成薄片，放下锅，小火翻爆一下，爆到烟熏肉里的油出来，再放大苋下锅，一起大火猛炒，几分钟后，装碟上桌，烟熏香和大苋香飘满屋子。

大苋吸入了烟熏肉的香味，烟熏肉渗入了大苋的清鲜，成就了一道特别诱人的菜肴——不油不腻，爽脆可口，清香四溢！

写到这，忍不住流口水了！赶紧找家店，吃大苋炒烟熏肉去。

香料焖鸭，压不住的奇香四溢

“今晚去哪吃？”——“三江河边哟！”

“今晚去哪聚？”——“三江河边吧！”

每当华灯初上，连南县城的三江河边，波光粼粼，人流熙熙攘攘，吃货们的美好食光，也迫不及待地开场了。

所以，如果你到连南旅游，不妨直奔三江河边而去，既可赏瑶山风情长廊之美景、两岸灯光的璀璨美景，又可尝连南的地道美食。

三江河边，一间挨一间的美食小店，绵延河两岸而去。这些小店，经营的美食虽然各有不同，但有几样连南的风味招牌菜，却是每个小店都会有的，比如说——牛蹄、酿豆腐、白切鸡、牛皮酥、炒田螺……还有，味儿奇特的香料焖鸭。

其实，我个人并不怎么喜欢吃鸭，因为总感觉有股腥味，尤其是现在饲料饲养的鸭子，那腥味更为浓烈，往往让我敬而远之。所以，一开始朋友说，点一道瑶族的美食香料焖鸭给我尝尝，我是没多少食欲的。

但，当香料焖鸭端上来，只见上面点缀着几片红辣椒，还有很多泛绿的小叶子，估计是些什么香料吧。初看，这碟菜也没什么特别的，但是鼻子凑前嗅一嗅，一股奇特又霸道的浓香氤氲开来，整个人立马被刺激得食欲涌动。夹上一块，咬一口，那味儿，不仅一点不腥，那股浓香，还好特别，我吃得欲罢不能，竟然一口气吃了五六七八块。我这么豪吃个不停，因为实在抵挡不住那股浓浓的香味。

芋荷梗焖鸭

那股浓香，不是来自我们平常说的香芹、薄荷、九重塔、芫荽、紫苏之类的常见香菜，而是来自一种土香料，有着薄荷的清凉，以及紫苏的香气。对瑶族人来说，这种土香料配鸭子，其画龙点睛的作用绝不亚于紫苏配田螺这种经典搭配。

这么神奇的土香料，名字也挺奇特，叫“狗蓼”（音译）。

我第一次吃香料焖鸭，身边恰巧就坐着几个瑶族同胞。因为瑶族只有语言，没有文字，我便问他们，“狗蓼”这两个字该怎么写？“不清楚呀，祖辈的祖辈、祖祖辈都是这么叫的。这种土香料，全株都有独特香味，是一种天然去腥香料，我们瑶族人很喜欢用来焖有点腥味的东西，可去腥增香。比如说，用来焖狗肉、焖鸭子、焖鹅，瑶山有名的稻田鱼，我们也喜欢把鱼煎香了，然后用狗蓼再去焖一下，味儿特别浓香。”他们说：“焖狗肉必放的土香料，叫狗蓼，很生动，富有山野气息。”其实，很多美味的命名本来就与生活息息相关，狗蓼这个名字，真的很生动地印证了生活与美味的美妙关系。

狗蓼的生长，的确很乡野气。瑶族同胞说，狗蓼对生长环境不挑剔，野外的路旁、沟边、湿地、草丛、塘边、河边都可以发现它们的身影。尤其是农村的沟边、塘边、河边都长得特别多，因为狗蓼喜欢水，有水就能蓬勃生长。

好神奇的狗蓼！我很好奇：它到底长啥样子？赶紧请厨师把狗蓼拿出来给我看看真容。叶子细长，茎秆为青绿色，这一看，发觉这种叫“狗蓼”的植物，其实喜欢花草的我也算熟悉，早年在乡村在田间水边都见过，是一种草本植物，有个香香的学名——香蓼。

香料焖鸭

长在农村田边水间的香蓼，素素地点缀着，虽然不起眼，但微风吹过，香气飘飘摇摇，别有一番乡野风情。想来，要是谁家锅里煮上热腾腾的狗蓼（香蓼）焖鸭肉，整个村庄都会泛起一股悠悠的浓香味了吧，真是好一幅香气馥郁的山村画。

其实嘛，不甚显眼的香蓼，也早已无声无息融入古时的诗画。晚唐著名诗人李商隐，曾经写过《河内诗两首》，其中有一首就有这么一句“栀子交加香蓼繁，停辛伫苦留待君”，从字面上解释就是：栀子和香蓼不畏艰辛地开放，都是为了留待您来欣赏。好吧，香蓼这么勤快、这么丰盛地长在连南乡野，就是为了让识货的瑶族人家来采摘，做成香香的一道美味——香料焖鸭！

狗蓼（香蓼）焖鸭，味道一流，还有芋荷梗焖鸭，也一样让人大开眼界。

对芋荷梗，我是很熟悉的，大叶子以下那段长长的梗，对连南人来说是很好的食材，洗干净，晒干，放入坛子里加入盐，腌制上十天半月，酸脆爽口，配上白粥，开胃可口。炒芋荷梗的时候再放些辣椒，那味道更是妙不而言。但我从来不知道新鲜的芋荷梗也可以吃，而且和鸭肉一起焖，竟然那么好吃。

芋荷梗焖鸭这道菜，我是在香坪吃到的。香坪有广东连南大鲵省级自然保护区，大鲵，俗称娃娃鱼，是一种珍贵的野生动物，对自然生态环境要求高，一般生长在水流湍急，水清凉，水草茂盛，石缝和岩洞多的山间溪流、河流和湖泊之中。连南香坪有娃娃鱼自然保护区，可见生态环境有多好。在如此天然好环境下，鸡鸭鹅长得也很生态，肉质特清香。

肉质清香的鸭，与香茅、芋荷梗一起焖，不用放姜，鸭肉吃起来不仅一点不腥，而且特别香爽。尤其是芋荷梗，染上香茅和鸭肉味，绵软中透着绵绵香。鸭肉爽香，芋荷梗绵香，一道菜，两味香，互为渗透，爽爽，绵绵，香香，整个人的味蕾，都彻底给馋倒了！

汉族美食

一道白切鸡，一种美丽的乡愁

白切鸡

“四个人，要三斤白切鸡？好吓人哟，太多了吧？”天！这种狂吃法，着实让我难以想象。

“不多不多，这白切鸡可好吃啦！”连南朋友这样说。

“不是吹牛，我这里的白切鸡，味道真的很好吃哟！”三江县城，点菜的青年饭庄的老板娘这样说，言语中夹着几分自豪。

大概20分钟后，白切鸡端上桌来了，又真正吓我一跳！大大的一碟，上面铺了厚厚的姜蓉和碎葱，连白切鸡都差不多给盖住了。第一次遇见吃白切鸡，放姜蓉放得如此大气和豪放的。

扒拉开厚厚的姜蓉，再一看，一块块的白切鸡，还真是大呀，隐隐还能见到鸡骨髓内有些淡淡的血丝。“火候刚刚好！”朋友一边盛赞，一边提醒说：“趁还有点温热，赶紧吃，味道好极了。”

这话一点不假，真的是味道好极了！鸡肉厚实，加上姜蓉，爽脆中夹着微微辛辣，厚实的鸡肉愈发清香，越吃越想吃。乃至后来，每吃一块鸡，必定会夹上很多的姜蓉。到最后，不仅三斤的白切鸡吃得一块不剩，就连厚厚的姜蓉，也吃了个底朝天。

自从有了这一次吃厚厚姜蓉覆盖着的白切鸡的美妙经历，弄得我每次回连南，都忍不住跑这间店来吃白切鸡，每次吃得都很豪爽，四五个人也都是几斤几斤地吃，而且每次都是吃个底朝天。因为白切鸡，那种想念家乡的乡愁，似乎也添了几分甜蜜，几分美满。

一直想问问老板娘，这白切鸡是如何做出来的。但老板娘的生意太好，菜牌都没有，一有客人来，她就要张嘴哗啦啦地介绍菜式，忙乱个不停。一直还未有机会听老板娘说说白切鸡，甚为遗憾。

巧的是，后来我去寨岗游玩，又吃上了白切鸡。下厨的是曾叔，他做了一整个白切鸡，在自家厨房招待我。这一次，倒是有机会，一边吃白切鸡，一边慢慢听曾叔讲连南正宗白切鸡是如何制作出来的。

姜蓉碎葱碟

白切鸡

五六斤重的白切鸡，已斩件端上桌，大大的一碟白切鸡，一旁还有大大的一碗蘸料，碗面盛着满满的姜和零星的葱。与上次在三江县城的吃法略有不同，三江县城的白切鸡直接把姜蓉和碎葱铺盖在白切鸡上，而寨岗这里，则是白切鸡与姜蓉碎葱分开装碟上桌。

夹一块白切鸡，未蘸料时先咬上一口，试试原味，还有淡淡的咸味。再盛上一匙羹姜蓉碎葱，抖在白切鸡上，肉质鲜美嫩滑，骨头酥软，配料特别的香爽，感觉比在三江县城吃到的还香。曾叔告诉我说，他先拍碎葱头和生姜，再放粗盐，下锅去爆，这一大碗配料，当然就非常香了。

白切鸡要好吃，当然不仅配料要香，还要鸡的肉质好，还要独特的浸鸡手法。

鸡是乡下的放养鸡，肉质自然好，选用的是大骟鸡。很多人都知道，清远白切鸡讲究精巧，用的是鸡项（没生过蛋的母鸡），个子细，大概每只重两斤出头。却不知道我们连南白切鸡，追求豪迈，用的是骟鸡（阉过的公鸡），个子大，一只就有五六斤重，甚至还有八九斤重的，竟然也能做出鲜美嫩滑的白切鸡。这就要靠“浸功”。

曾叔的“浸功”很了得！五六斤的大骟鸡，拔干净毛，把鸡肚子掏空，洗净后，浸入用盐水滚好的80摄氏度左右的虾眼水中（虾眼水，即是微沸至刚冒小如虾眼的气泡的水），烫三四分钟捞出，因为烫久鸡皮破了就不美了。捞出后，倒吊一下，让水沥干。然后，再把鸡浸入虾眼水里烫。按此反复操作四五次后，关掉火，把鸡捞起。待五分钟后，斩件上碟，还看得见鸡骨髓内有些血丝，配上一大碟姜葱拌花生油的味料，鸡皮脆香，鸡肉爽滑，回味甘醇。

白切鸡端上桌时，鸡骨髓内有些血丝，或许外地人会以为这白切鸡还没熟透，不敢下筷子。其实，这正是连南白切鸡好吃的标准——因为白切鸡不是用火煮熟的，而是用虾眼水浸熟的，所以，白切鸡宜八九分熟，此时鸡肉刚熟，而骨头带有滞而不淌的血丝，口感最为嫩滑；而一旦等骨头也熟透了，鸡肉就变得老韧难吃了。所以，在连南，要是酒肆端上一盘白切鸡竟然骨头不带一点血的，吃货们保准不同意，因为“这鸡浸老啦”。

“无鸡不成宴”！吃鸡，绝对是连南人的一种美好记忆，很多连南人的人生记忆里肯定都存在着与吃鸡有关的故事。而对我这个游子来说，吃鸡，已经成为一种美丽的乡愁，如果哪一次回到连南没有吃上白切鸡，整个人都觉得好像缺了点什么似的。

虽然，如今烹制鸡的菜式有烧鸡、焖鸡等很多种，但最为连南人常食不厌的还是白切鸡。因为白切鸡很好地保留了鸡肉、质嫩滑皮脆骨酥的原味，因此也成为连南人家中最常吃也是用于招待客人最流行的一道大菜，大筵小席皆有之。也因此，俗语说“无鸡不成宴”，这里所说的鸡，对连南人来说，就是永远也缺不得的那一道白切鸡。

香软酿豆腐，白嫩如山，可爱似灯笼

酿豆腐、酿辣椒

“想吃什么菜呀？”

“酿豆腐，来一碟！”

暖暖的一餐，就从酿豆腐开场了。

在“酿豆腐”中，“腐”与“富”同音，寄托着连南人的希冀与美好向往。酿豆腐，在连南人的日常生活中，更担当了非常重要的角色，成为极具代表性的一种菜肴。

这就好比华语影坛上的星爷（周星驰）与达叔（吴孟达）这一对默契的黄金搭档，出彩的“绿叶”达叔，配主角星爷这朵“红花”，缔造了众多的经典喜剧电影，不仅主角熠熠生辉，配角亦异常出彩，在人们心中留下了深深的印象。而酿豆腐亦是如此，它不一定是主菜，但一定是连南人餐桌上永不落幕的最闪耀的配菜。

好了，酿豆腐上桌啦。白中带红的一碟，那是酿水豆腐哩，白的是水豆腐，红的是馅料。那酿水豆腐的模样，似一座座小山。一般来说，很多地方的水豆腐酿出来都是平整的四方形，但咱们连南人酿水豆腐，却喜欢把一块大豆腐，沿着对角线切开成两个三角形，再在三角形腰部的中间挖个小洞，把剁碎的馅料塞进豆腐洞里去。接着，锅里放油，烧至发热，把酿好的有肉馅的豆腐那一面朝下，小火慢慢煎，煎至金黄色，再调酱汁焖一焖，上碟，摆成一排排，仿如一座座并排的小山，好看，很有气势。

也不知，是不是因为连南山太多，人们天天与山为伴，于是爱屋及乌，连酿水豆腐，都酿得如此有山城的个性。

好哩，开始吃酿豆腐“山”啦！举起筷子，一夹，哎哟，白白嫩嫩的，这么滑，筷子夹不了！那用勺子吧。一勺下去，送到嘴里，真香，入口，从舌头滑到喉咙，一直滑到肚子，真嫩滑啊！等等，中间还有一块，有点结实，那是酿入的馅料，咀嚼下，冬菇、肉碎、木耳、芹菜，好香好爽，缓缓地咀下肚，满肚子暖暖，满嘴儿香香。

如果想吃酿成“山”一样的水豆腐，你只管随意走进任何一家小店大店，爱吃多少都有，保准能让你的肚子吃到吃不动为止。

“山”一样的酿水豆腐，在连南大小食店遍地开花，不过连南人的小家日子里，似乎不是那么勤快地酿水豆腐。人们在日常生活里反而喜欢把水豆腐买回家后，随意地加些芹菜、芫荽之类的香菜，煎成两面金黄，焖一焖，煮一煮，就上锅。有时候，甚至一方白白的豆腐，上面就简单地撒些青翠的葱花，也是香喷喷的一道美味。隆冬时节，则喜欢放一些水豆腐，放一些油豆腐，放一些肉，放一些霜打过的青菜，炖着火锅吃，汤汁醇厚，鲜嫩滑润，口味鲜美。而漫长的冬季，因为这一锅豆腐青菜，仿佛就在弥漫的热气中渐渐褪去，迎来了春天，迎来了新一年的勃勃生机。

其实，连南人日常生活的节奏并不快，酿水豆腐也并不怎么花工夫，但人们反而更喜欢在家里花些时间去酿油豆腐，尤其是每逢节日，大多数连南人都会酿上一大锅油豆腐。或许可以这样解释，酿水豆腐，基本上是担任菜的角色，而酿油豆腐呢，一菜两用，即可当菜，也可当主食吃，所以更受家庭主

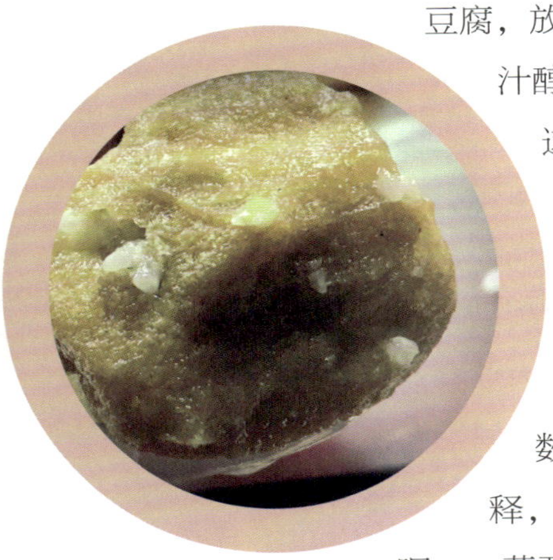

酿油豆腐

酿水豆腐与油豆腐

妇的青睐吧。

油豆腐，肚子空空的，金黄色，样子很可爱，像个小灯笼似的，孩子们都喜欢叫它“灯笼豆腐”。酿油豆腐前，要先用清水浸泡糯米四五个小时，并着手准备馅料。虽然各家有各家的味道，但主料都离不开糯米和半肥半瘦的肉，根据个人喜好，再添加马蹄、香菇、香葱、腊肉等，把佐料剁碎，加盐加油，与糯米一起拌均匀。然后，将油豆腐小心地撕开一个小口子，把拌匀的馅料塞入油豆腐内，塞得圆鼓鼓、胖墩墩。最后，将酿好的圆鼓鼓的油豆腐放入锅里，加水煮。大半个小时后，热乎乎的香气直冲进鼻子里，用筷子夹一个尝尝，肉馅美味可口，豆腐鲜嫩香软，一二三四五六个，吃不停，光吃油豆腐就能吃个饱。

自古以来，连南人一直都比较喜欢吃酿有馅的菜肴，除了酿豆腐，还有酿苦瓜、酿茄子、酿辣椒、酿笋子等等。在连南的大大小小的酒楼饭店里，甚至还有这么一道特色菜，叫“酿三宝”——酿苦瓜、酿茄子、酿辣椒，一菜三味，浓郁醇香，百吃不厌。

可以"生"吃的鱼丸，如何穿越寨岗的前世今生？

台湾作家刘克襄说："从一个菜市场管窥城市，我习惯于这样的生活认识，勾勒一个城镇核心的绿色地图。"他把对美的追寻，落脚于菜市场，并形成了他独有的菜市场美学，出版了一系列关于菜市场美学的书。有趣的是，刘克襄来广州做新书宣传，我采访他时，他竟然问了这么一句话："广州天河附近，有特色的菜市场在哪？"当然，他后来还真跟朋友去逛了天河附近的菜市场。

对刘克襄而言，逛菜市场，似乎更像是赴一场心仪已久的约会。而对于我，虽然说不上是一场心仪已久的约会，但也着实喜欢去菜市场，看看其中的风土人情，从一座菜市场管窥城市风貌。每当走在菜市场，就正如刘克襄所说的那样——"有时，我也喜欢，站在这样的菜市场中央，无事地茫茫四顾；那热烈生活的迸发力量，仿佛大河的滚滚奔腾；很高兴自己也随波卷进，加入了某一个早上的盛宴。"

当然，最高兴的是，这种随波卷进菜市场的盛宴，时不时会意外地发现一些让人惊奇的当地美味。比如，寨岗菜市场上的鱼丸。

鱼丸，有啥惊奇的？估计只要是个吃货，一定都

鱼丸

会撇撇嘴说，不就是用剁碎的鱼肉，加适量食盐，捣成鱼泥，调进粉，搅匀后挤成小圆球，入沸汤煮熟，就可大口开吃的一个个白色鱼丸子嘛。这样的鱼丸子，谁不知道呀，连吃都吃腻啦。

但我告诉你，错啦！错啦！连南的鱼丸，可不是白色的，而是金黄色的。

金黄色的鱼丸？疑惑了吧！其实，我一开始见到这种金黄色的鱼丸，还误以为是油豆腐哩！

那天，在寨岗墟的古街溜达，蔬菜肉类很多，琳琅满目；一间间小店，鳞次栉比，人来人往，感觉像县城三江一样，非常热闹。其实说起来，寨岗周边有20多个村，就连毗邻的肇庆和怀集等地的人也来此逛圩市，所以寨岗圩市，一直以来都很热闹繁华。如今，虽然房子显得有些古旧，但繁华热闹的气息，却依然依稀可见。

我一头沉醉入菜市场，在人来人往中穿梭，见到最多的就是一个个圆簸箕上，盛放着金黄色的"油豆腐"，堆得小山一样高，很浓郁的客家美味风。据说，寨岗有很多人都是从梅县迁入的，因此还保留着不少客家的饮食文化传统。

"买些回去不？很好吃的，15元一斤！"好吓人！油豆腐也能卖到15元一斤。

"那不是豆腐，是鱼丸来的！"陪我闲逛的辉哥笑了。

鱼丸？这也和油豆腐长得太像了吧！我不信！盯着一个个圆簸箕上堆得山一样的金黄色，看了又看，发现虽然同是金黄色，其实还是有一些区别的：油豆腐个头大些，四方形；鱼丸个头小，圆形。卖油豆腐的摊档很多，但卖鱼丸的只有两摊，看来鱼丸不容易做吧，难怪那么贵。

"拿一个，尝尝！"辉哥笑眯眯地说。

"鱼丸也能生吃？"我又吓了一跳。

"不是生的，油炸过，已经熟的啦！"辉哥解释道。

手捏起一个，放嘴里，轻轻一咬，咬出一个小洞，原来中心是空的。嘴

可以直接吃的鱼丸

巴咀嚼一下，有咸味，还有一股浓浓的鱼香味，口感松软弹牙，味道的确不错呀。

后来，吃到了一道鱼丸滚猪血汤，下厨的还是厨艺精巧的曾叔。把猪血，放肉汤里滚一下，再加鱼丸，烧滚，上锅，撒上葱花，紫色、金色、绿色一大盆，紫色的是猪血，金色的是鱼丸，绿色的是葱花，色泽搭配得非常好看，食欲呼呼呼地往上涌。

于是，每个人都毫不客气，快快地装起一碗，大吃起来。滚过的鱼丸，依然很弹牙，又因为加入了猪血的清甜和葱的清香，吃起来，汤鲜，味美。

大家一碗一碗地吃，一边吃，一边听曾叔讲鱼丸如何演绎寨岗的前世今生。

做鱼丸是寨岗的一种传统。曾叔说，寨岗人最早做的鱼丸，是用野生的河鱼做的，那时村人都经常到寨岗河里抓小鱼。鱼捉回家后，斩去鱼头，剥鱼皮，去内脏，剔鱼刺，再把鱼肉洗干净，剁细剁碎。然后，按比例放佐料，一斤鱼，放三个鸡蛋的蛋清，放二两半面粉，再放适量盐与鱼、鸡蛋、面粉一起搅拌，直到搅成稠稠的一盆鱼胶。接着，锅里放油，当油烧热到80摄氏度左右，就用匙羹，装起一小团鱼胶，捏圆，一个接一个，放下油锅里去，慢慢炸。鱼丸爆起来了，满锅金黄，很漂亮，很香。捞起，沥干油，鱼丸就大功告成了。

金黄色的鲜炸鱼丸，即可食用，香醇诱人；用来做汤，久之不烂，入口爽滑，甜嫩无比；用来焖其他菜，松软嫩滑，满嘴甘香，回味无穷。

逢年节或喜庆之日，寨岗家家户户的饭桌上，必不可少的一道菜就是鱼丸，寓意非常好——鱼丸鱼丸，吃不完，吃不完。以前要有外地客人来访，鱼丸就成为寨岗人招待客人既方便又不失体面的一道好菜肴。而且，寨岗人还流行这样一个习俗——把鱼丸当成礼物，送给客人们。

从前，寨岗家家户户都会做鱼丸，而且每次一做，都是做一大盆，那是要吃不完，也送不完。曾叔还笑说，以前他做鱼丸，因为要连续不停地用匙羹装鱼胶，不停地捏圆，动作重重复复，做的时间非常长，经常还做得打瞌睡呢。

现在，依然还有寨岗人在做鱼丸，只是做的人少了很多，也捉不到多少河鱼，基本上都改用鲩鱼来做鱼丸，虽然还好吃，但没有以前那么鲜香甘美，口感还是差了一些。

怪不得，我在寨岗旧圩街上只看到两摊档卖鱼丸的，原来是做鱼丸的人少了。虽然我也没吃过以前用野生的河鱼做成的鱼丸，但现在吃到的鲩鱼做的鱼丸，感觉也极其鲜甜好味呀。而且，吃这鱼丸，过程一惊一乍，极其好玩有趣，倒也算得上是一场特别的美味盛宴了。

鱼丸滚猪血

山涌水放养寨南鱼，好一种极致的生活艺术

每逢在县城三江的酒肆里，点上一道鱼，不管是清蒸的还是滚汤的，也不管吃到的鱼有多鲜美，但必然还是会有人提起这么一句——“寨南鱼，那才真好吃呢！”

还有个朋友说得更是活灵活现。她说，有天傍晚她把鱼杀好，并清洗干净，正准备下锅清蒸，谁知这时候妹妹拿着一条大大的寨南鱼上她家来了。一听寨南鱼，她两眼发亮，立马把之前杀好的鱼放进冰箱，然后快手地杀寨南鱼，这鱼重达七八斤呢，杀起来还有些费劲，忙活了好一阵才把鱼杀好，把鱼头鱼尾滚汤，鱼身清蒸，足足忙活了一个小时，鱼汤和清蒸鱼终于上桌了，满屋清香。吃上一口，鲜嫩，香滑，一家老小六个人，竟然把七八斤重的寨南鱼，吃得一干二净。真真好一场饕餮鱼宴！

寨南鱼，名头那么响当当呀！听多了连南朋友的盛赞，弄得我一直心心念念的。

而我，也终于在寨岗镇的新寨村，吃到了寨南鱼。

新寨村，以前是属于寨南镇的，后来2004年7月，寨南镇与寨岗镇合并为大镇寨岗镇，所以现在的新寨村已归属寨岗镇管辖。

一进新寨村，有一个很直观的感觉，沟渠纵横交错，流水淙淙、清澈照人的沟渠边，长满了碧绿的青草，有的老人坐在家门前边喝酒边聊天，有的老人则和孩子们一起忙活着编织竹器皿。看着这生活画面，我眼前就晃出了宋代词人辛弃疾写的那首《清平乐》：“茅檐低小，溪上青青草。醉里

清蒸寨南鱼

吴音相媚好，白发谁家翁媪。大儿锄豆溪东，中儿正织鸡笼；最喜小儿无赖，溪头卧剥莲蓬。”多么宁静素朴，却又多么多么生机勃勃呀！

当然，这里已经不是从前低矮窄小的茅草房屋，而是变成宽敞明亮的两三层高的民宿。乡村的日子富足了，但是宁静素朴的生活方式，却依然保留着。比如说，这里的鱼塘特别多，而且布局也很特别：鱼塘的前后都有沟渠，前面的沟渠进山涌水，绕了一圈鱼塘，又从后面的沟渠流了出去，水一直淙淙地流动着奔向远方，难怪水质那么清澈。

不管你走进农家还是酒肆，依然会听到淙淙的流水声。原来，每家每户的后院，都有一个大大小小的水池，那是用来储备

沟渠纵横交错的新寨村

养在家后院寨南鱼

鱼用的，平时会从鱼塘捞好一些大鱼，放到水池养，以备不时之需。水池前后都有个洞，前面的洞灌进山涌水，后面的洞排出山涌水，鱼儿就养在水池中。这样放养在山涌水中的活水鱼，哪能不好吃呢？

有客人来了，直接就从后院水池捞上一条大鲩鱼，鱼头鱼尾滚汤，鱼身用来清蒸，鱼肠用来煎蛋，一鱼三菜，一点不浪费。三菜，三味，鱼汤清甜，鱼肉清鲜，鱼肠清香。尤其是鱼汤，没有半点泥味，那种清甜味呀，纯正得很，汤里的鱼肉，火候恰恰好，筷子一碰就断，入嘴清甜滑脆，每个人都一口气吃了三四碗，还停不下来。

“奇怪了呀！”前面那个家住三江城曾经饕餮过一顿寨南鱼的朋友感叹说：“同样是寨南鱼，为什么我在家里煮的鱼汤，还有清蒸鱼，都没这里的好吃，也没那么清甜呀？”新寨人笑笑说，那是煮的方法不对吧。

在我们常人的习惯思维中，如果水没烧开，就把鱼放下去，鱼肉很容易老，所以每当滚鱼汤时，都是水开了，再放鱼下去，大火一滚，鱼肉才嫩。而寨南鱼的煮法，却是放冷水下锅时，连鱼和姜丝一起放到大铁锅，慢火烧煮，当水开始冒泡眼时，放点胡椒粉和葱花，鱼汤就可装盆上桌了。新寨人说，那是老一辈人经过长期摸索，总结出来的让鱼鲜美得恰到好处的煮法。

好吧，就算是冷水和鱼一起下锅，煮的方法用对了，其实也一样煮不出寨南当地那种鲜香清甜的鱼汤味道。不信！寨南鱼不就是水质好么，那就带上一大桶寨南的山涌水，回三江县城去煮鱼呀。其实，还是白搭，煮出来的鱼汤还是没有在寨南当地煮的鱼香甜。为什么？那是因为城里烧的是煤气，而寨南烧的是柴火。

因为用柴火才能煮出美味的寨南鱼，所以寨南村落的厨房也一直延续着很传统的风格，既有现代的煤气炉，也有柴火灶。煮别的菜就用煤气炉，但一煮寨南鱼，必定要用柴火灶，滚汤、清蒸、煎鱼肠，烟火缭绕，鱼香满屋。

这还不止呢，要吃到好的鲩鱼，还得精心细养，慢慢等待它成长，那是一段有些漫长的，勤劳的，温暖的光阴。

几两重的鱼苗买回来，放到鱼塘里，从不喂任何饲料，全部喂养青草。一年四季，都要忙活割山上、河里、田埂、塘边的嫩草给鱼吃，有些人家为了给鱼充足的草料，甚至在屋前屋后都种了鲩鱼爱吃的象草、黑麦草。

寨南鱼重达8—10斤时，是最好吃的，肉质清甜爽滑。所以，买回来的鱼苗，至少要在山涧水里养到三年以上，才会做菜吃。因为不停地放鱼苗下鱼塘，一些养到十多斤的鲩鱼，连养鱼人自己都不清楚到底养了多少年，只知道心里一个劲地看得欢喜。

偶尔，市场上可能也会有养了一两年的鱼出售，外地人买来吃，会觉得已经味儿鲜，非常好吃。但寨南本地人，却一入口，就能吃出来这鱼养的年限只有一两年，时间太短，因为嘴里根本感觉不到鱼养上三四年五六年的那种鲜香和清甜味。

神奇呀！寨南人不仅养鱼成精，连吃鱼也吃成精了。

“任何事做到极致就是艺术”！这是周润发和郭富城主演的大热电影《无双》里出现的一句经典台词。而寨南人，利用天然的溪流，一年年，精心地饲养寨南鱼，用独特的柴火烹制寨南鱼，这不正是一种极致的生活艺术么！

鱼肠煎蛋

灿开在蒸笼里的一朵朵金色之花

第一次看见大笼糍，是在连南连水墩龙瑶寨的农贸市场，当时正在举办第四届“瑶族尝新节·桑叶美食节”。

看到大笼糍的刹那，我真真吓了一跳！又大又圆，敦敦实实，像个厚实砧板一样。虽然个儿圆大胖墩，但模样极好看，充满乡野气息。就是这么一句话啦——别看我胖，其实，我既胖又美，很有内涵哩！

竹篾织成的大蒸笼子里，盛放着一个大大圆圆的砧板一样的糍粑，糍粑上粘着蕉叶，糍粑淡黄色，透黄透亮，上面还有很多花纹，像山川，像漩涡。褐黄色的蕉叶，裹住糍粑，高出糍粑的蕉叶，弯弯扭扭，乍一看，圆圆的糍粑，

蕉叶打底

真像开在笼子里的一朵大花。这朵大花一样的大笼糍，便是因其用竹篾织成的笼子蒸成而得名的。

寨岗镇石径村的东嫂，穿着蜡染的藏青色碎花衣，头裹着藏青色碎花的蜡染头巾，脸儿笑得像朵花，说话的声音都是笑出来的，就好像花开一样：“尝尝哟，美味大笼糍！”

东嫂一边笑，一边说，一边手起刀落，切出一小截大笼糍，再细细地切成一小片一小片。接着，开火，放油到平底锅。油一热，即把切成小片小片的大笼糍放进平底锅，“滋滋滋”一阵阵声响过后，两面金黄，大笼糍便煎好了。上锅，装碟，倒入一些红糖汁，一片片大笼糍愈发晶亮。

迫不及待拿起竹

倒入原料

烹饪

签，插上一块，举起，薄薄的，晶莹透亮，软糯，香甜，滑爽，不煳不粘，爽口润喉。我很好奇，除了竹篾香蕉叶香，还有其他一股说不出的香，也不知是来自大自然什么草木。

笑得像朵花的东嫂，一脸开心：这香，就是鱼骨杈、黄斑杈烧成灰的清香，大笼糍也叫灰水糍。

东嫂一边夸耀大笼糍，一边还向我细数起大笼糍是如何做成的。就像任何手做的美味一样，那过程很繁复：

先到山上砍鱼骨杈、黄斑杈。听名字，估计外地游客就会晕头晕脑。但寨岗镇人绝对不会晕，大笼糍是他们的传统美食，他们

成品

自小跟着父母上山寻找鱼骨杈、黄斑杈，闭眼都能闻到这两种植物的清香。大自然很厚爱寨岗这片地方，山间田边都长满了鱼骨杈、黄斑杈。砍下鱼骨杈、黄斑杈，还要记得砍一些嫩芭蕉叶，嫩绿的蕉叶，颜色绿，好看，入笼蒸时也不易裂开。

把采摘回来的鱼骨杈、黄斑杈烧成灰，把灰与水搅拌煮沸，用细密的布把灰渣过滤，这些过滤后的水，即是灰水；尔后用灰水浸糯米12小时以上，再把米带水磨成米浆；接着在蒸笼铺上一块布，同时密密铺上一层洗净的嫩绿蕉叶，将米浆倒入蒸笼，这样既可避免粉浆从糍笼的缝隙中渗出，也可增加大笼糍的香味。

一切就绪，端上大锅中，用柴火慢蒸上四个小时后，米浆就蒸成了棕黄色的糍。最后一道工序，冷却三四天，一个犹如圆砧板一样胖实的大笼糍便大功告成了，所以大笼糍还有一个很敦实的名字——砧板糍。

用竹篾笼清蒸的大笼糍，经久耐放，可放置一两个月。啥时候想吃，就切一些下来。吃法也多种多样，油煎、清蒸、清水煮、酒酿煮、用蒜苗炒，都清香无比。如今，大笼糍的制作技艺已被列入了市、县级非物质文化遗产名录，而东嫂正是大笼糍的非遗传承人，难怪手艺那么好，难怪对大笼糍制作的来龙去脉说得那么透。

我还很好奇的是：这大笼糍有多胖实？于是试着把大笼糍端起，端得我手直软，足足有九斤重！

东嫂说，这还不算重，很多大笼糍都重达十几二十斤呢！寨岗的女子回娘家，都会端个大笼糍回去探望父母。

油煎大笼糍

美味的大笼糍

想象一下，十几二十斤的大笼糍，一个女子端在手上，走弯弯曲曲的山路，那是怎样的一个场景？一旁的敏红美女说，她就这么端回家过，走一小段山路，就要歇一会儿，很累，但心里很甜，因为把大笼糍端到娘家，与家人一起吃大笼糍，一家人团团圆圆，很开心很幸福。

团圆，正是大笼糍自古以来的寓意。

客家源流始于秦征岭南融百越时期，历经离乱，在上千年的迁徙历史中，才形成相对稳定的族群——客家人。客家人因为迁徙而来，所以特别强调节日“团圆”的意义。每逢过节，寨岗的客家人都有蒸大笼糍的习惯，既可作为走亲戚的“手信”，又可作为点心招待客人，寓意团圆美满、幸福甜蜜。

尤其是到了过年，家家户户都必忙乎着蒸硕大的大笼糍，就像东嫂说的——“如果过年前没有蒸大笼糍的话，都不像过年了！”对寨岗的客家人而言，吃大笼糍的日子，就是一种特幸福、特满足的日子。

附记　美味好糍：大笼糍的五种吃法

油煎大笼糍：把切好的大笼糍方块放入平底锅，小火煎至两面金黄。注意！因为大笼糍会变软粘连在一起，所以煎大笼糍的过程中，要放少许水以免粘连。如果偏爱甜味，可加红糖同煮。

清蒸大笼糍：在切成方块的大笼糍表层撒上一层白糖，上热锅蒸5—10分钟即可出锅。

清水煮大笼糍：把切好的大笼糍倒入烧开的水中，咸甜皆宜。喜欢甜口味的，可放入适量的糖；喜欢咸口味的，可放入适量的盐。小火煮开三几分钟，即可出锅，开吃。

酒酿煮大笼糍：把甜酒倒入开水中，加适量黄糖；再放入切成方块的大笼糍，大火煮三四分钟，出锅，开吃。

蒜苗炒大笼糍：烧热锅放油，炒香蒜苗；放大笼糍，接着煸炒。再放少许水，放盐调味，盖上锅盖焖一小会，即可出锅装盘。

依我个人口味，最喜欢的是油煎大笼糍，外酥内软，又香又甜，口感顶呱呱。其次是蒜苗炒大笼糍，一碟翠绿金黄，绿蒜苗配金黄大笼糍，看也好看，吃也好吃，味儿咸香，既可当馋嘴的零食，也可当下饭菜。一种美味，两色风情，极美极美！

金衣白玉冬笋鲜，温婉山村光阴美

冬笋

一阵浓香飘来！定睛一看，两大碟肉菜，已端上桌来了。

一定是农家猪哩！怪不得那么香！食客们一个劲地夸赞。

但是，但是，农家猪肉看到了，香芹也看到了，可冬笋呢？在哪儿？咋不见影的？

奇怪吧？为啥大家都在找冬笋？

这是因为，吊尾村正在举行“2019连南·寨岗第四届乡村旅游节”，这个村的冬笋是出了名的，村后有大片大片的竹林，虽然旅游节上有大笼糍、农家豆腐、山楂、瑶家烟熏肉等众多美味，但节庆的举办时间是12月底，既辞旧，又迎新，而此时也正值寒冬，素有“金衣白玉，蔬中一绝”美誉的冬笋，自然就成为其中最为亮眼、最令人垂涎的一道时令美食。

“被猪肉盖住啦，在碟底呢！”——有食客呵呵呵笑了起来，一听就是饕餮食客。

也顾不得斯文了，有饕餮食客，拿起一双公筷，把上面的猪肉扒拉开来，果真，一小堆白玉般的冬笋凸现。早已垂涎三尺的食客们，一双双筷子，快速伸向白玉般的冬笋，入口一吃，这沾着农家猪肉的冬笋，丰嫩，鲜脆，清香，赞美之词不绝于耳，好吃得停不下筷子。

虽然，这原生态的农家猪，比平常在大城市吃的猪肉好吃了不知多少倍，待吃得肚子饱饱，一番心满意足后，再一看桌上的那两大碟菜，猪肉还有不少，冬笋却一块不剩。有食客忍不住来一句感叹——“没见光的冬笋，却给吃了个精光！”

吃饱喝足，再去看旅游节的歌舞表演，逛一旁的农贸集市。对于游客来说，当然最喜欢的就是——寻找卖冬笋的摊档啦。

好，看到一摊了，裹着金色笋壳的冬笋，个头矮胖，挺可爱。卖冬笋的是两个年轻人，很热情，于是便和他们闲聊起“没见光的冬笋”来了。他们笑呵呵地告诉我，冬天挖冬笋，那可是个技巧活，因为冬笋都是长在地底下的，并没有伸出头来。那如何辨别埋在地底下的冬笋藏身的方向？这有个诀窍，就是看一根竹子的尾尖歪向哪一边，举起锄头就朝着歪向的那一边的地下挖去，保准就会挖到冬笋啦。藏身越深的冬笋，往往都长得比较漂亮，个头大，肉厚实，吃起来更有爽劲。

冬笋炒肉

还有呢，如何吃尚未出土、笋质幼嫩的冬笋，也很讲究技巧的哟。啧啧啧！像说书一样，还有下回分解呢。

新鲜的冬笋

他们说，冬笋既可以生炒，又可炖汤，其味鲜美爽脆。剥去冬笋金黄色的笋壳，把白玉般的笋身，切薄片，放盐水中浸，可去掉苦涩味。大约浸20分钟，捞起，可分别与猪肉、鱿鱼、酸菜一起炒来吃，味道都非常清甜。如果与鸡肉一起煨汤，放腩肉去煲汤，或者用来打边炉，都特别适合寒冬的天气，一家人围坐一起，吃起来全身暖融融的。他们还说，以前小时候他们还喜欢把挖出来的冬笋，直接放进炭火堆里，煨熟来吃，那味道是真脆香呀。

正说得兴起，突然间有人喊："下雪啦！下雪啦！"抬眼一望，雪，一粒一粒，打在伞上，落到地上，瞬间，伞顶沾满了白花花的雪，人像撑着一朵白云，偌大的表演舞台也变得白莹莹一片，瑶族姑娘小伙子们举着长鼓，在皑皑雪色中飞舞……雪很久很久没见过了，想不到在寻找"金衣白玉"和倾听"金衣白玉"的故事中，竟然遇见了飘雪！

雪花飘飘，一边看快乐的歌舞表演，一边听挖冬笋、煨冬笋、炒冬笋、炖冬笋的悠悠故事，这样的场景，感觉好像电影中的童话世界一样美。

当然，还有很美的十亩兰花。十亩兰花基地，位于离吊尾村不远的安田村，主要种植金嘴兰、墨兰、玉女兰、小凤兰等品种。玉女兰是一个新品种，花开浅黄色，花朵迷人，有婀娜的体态和雅致的花香，如佳人待字闺房，难怪有玉女之美名。据说玉女兰的花期超长，每朵花可开长达50天。捧一盆玉女兰回家，一朵花灿烂50天，一朵花香飘50天，这样的日子，人会被迷得了不知南北。

还有鱼刺瓜呢！爱花爱香的安田村人，还很有开放性的眼光。呵呵呵，又像说书一样，再来一轮下回分解。

在十亩兰花对面，见一箩筐一箩筐的瓜，有着绿色的网状花纹的表皮，椭圆状，长的样子很像小西瓜。很疑惑，寒冬时节，还会有西瓜？卖瓜的小年轻说，这瓜是他种的，叫鱼刺瓜，是从香港引进的新品种，之所以被安上“鱼刺”的名号，是因为将成熟后的瓜煮熟后，内里一条条呈丝状，神似鱼刺。这鱼刺瓜可清炒，可煲汤，味儿清清甜甜，鲜鲜香香。好奇特的名，好奇特的瓜，当然围满了好吃的食客。

我们常说，诗意地栖居在大地上。看看呀，寨岗人的日子，像兰花一样美香，像冬笋和鱼刺瓜一样鲜甜。这种美上加美、甜上加香的日子，是多么的富有诗意。这诗意，温婉，踏实，充满了盎然的生机。

后记 我心中最美的地方

“我心中最美的地方！”——写下这句话，心欢喜，眼温热。

这是2018年11月，我回连南参加“瑶艺节”时，在嘉宾签名本上写下的一句话。

曾经，我与连南，每天都腻在一起，相依相守了18年。18年后，我远赴他乡求学，与连南相守的日子，只局限于寒暑假那段时间了；待大学毕业后，留在广州工作，我与连南相守的时间，常常只能用天来计算了；后来，兄妹们各自散落在不同的城市，双亲又逝去，我与连南相守的时间，慢慢地缩短，变成只是以年来重逢了。

早前，自己处在青春焕发的光阴，心很大，觉得整个世界都是自己的，连南也只不过是一个微不足道的边角，看在眼里大抵也就是一个小黄毛丫头般的角色罢了。待年岁渐长，走过世界的很多地方，但每每印象深刻，不停地晃动在心头的，却总是那个曾经被我誉为“小黄毛丫头”的故乡——连南。

从前只有“两条小街轻轻一拥抱”的连南县城，如今已变成了道路四通八达的现代化小城。这对于以年来作为与故乡重逢时日的我来说，每每走在县城，往往也会迷了路。但纵使如何迷路，我心都着实安定，因为身边飘荡的都是熟悉的乡音。我喜欢这种迷路的感觉，它可以让我在迷途之中，一边听熟悉的乡音，一边凝视现在，一边寻找从前。

也就是在这种“凝视现在、寻找从前”的心境中，似机缘巧合般，2018年初，我在广州初次见着了连南县文联主席罗明辉先生。听着熟悉的乡音，闲聊起连南的种种，感觉连南在我眼里，似乎变得越来越遥远，越来越陌生，但却越来越充满谜一般的魅力了！

正是这种谜一般的“魅”，深深地勾起了我想细细探究一番自己故乡的热情。

2018年7月，我回到连南，与罗明辉主席一起，和当时的连南旅游局局长邓茂林、副局长黄敏红，及旅游局的房秀芳、唐琴、周乐等乡亲见面，酝酿如何撰写这部集风光、民俗、人文于一体的风情散文集。邓局长和黄副局长非常爽快地对我说，有什么需要协助的，他们一定全力支持和配合。这让我心里非常感动。

之后，罗明辉主席、黄敏红副局长，以及旅游局的房秀芳、唐琴，都抽空轮流陪我深入连南各地采风和调研，尤其是罗明辉主席和黄敏红副局长，在大半年的时间里，前前后后陪我跑了很多地方，我一边跑一边听他们谈各村各寨的风土人情，这对我深入了解和梳理连南的民俗、人文等各方面情况，都有着很好的启迪和提升。至此，我才更加深刻地了解到，从前在我眼中只是小黄毛丫头般的连南，其实一直都是一个传统深厚，魅力无边，颇让人陶醉和眷恋的美娇娘。

此外，县政协主席李春益，专门陪我去了一趟香坪，走访了“广东连南大鲵省级自然保护区”，让我看到了珍贵的野生娃娃鱼，见识到了连南的自然环境有多美；还有，寨南的韦秀婷美女，带我走访农家，见识了家家户户如何用山涌水放养寨南鱼，如何用独特的柴火烹制寨南鱼，让美食成为一种极致的生活艺术；还有，月亮湾、潘家大院两位颇具文艺范的帅哥老板，让我见识到了山村也可以在高雅的文艺范中，与时间和人生温柔地相对；还有，县作家协会主席盘鹃，陪我一起到油岭看雪，让我听到了至暖的原汁原味的瑶歌，看到了一幅瑶家姑娘雪地绣衣的至美图景；还有，亲自下厨的曾叔，让我品尝到了美味的寨岗白切鸡，让我深深地体会到这样一种情愫：一道白切鸡，如何融入生命与岁月，成为一种美丽的乡愁……

喔！我心中最美的地方——连南！

这种美，不仅美在万山朝王、伏兔春荫、鹿鸣秋高、板洞天湖等等美不胜收的自然风光；美在讴莎腰、耍歌堂、舞火龙、唱春牛等瑶汉一家，相映生辉的民俗风景；美在让“庸常日子里变成一首温婉长诗”的大锅菜、大盆菜；美在让“远古光阴留余香”的金黄爽口牛皮酥；美在可以“穿越寨岗前世今生”的“生”吃鱼丸；美在让山村光阴变得温婉无比的“金衣白玉鲜冬笋”；美在让人生特幸福、特满足的“灿开如一朵朵金色之花的大笼糍”等分外诱人的瑶汉美食。

还有，这种美，更美在天地间最美的风景——人！

我深入各村各寨进行采风和调研时，遇见过的山村古寨之人，虽然都穿着素朴，但却个个都颇有精气神，整个儿满怀人生的美好。如，习惯了住在山排老寨的盘木生二公，虽然他满脸密布岁月的刻痕，但笑容却是暖暖的，透着一种尘世的温婉与美好，整个人仿佛浸润着山野里的清风明月，洋溢着一股有清风明月落在身上时的淡定和静穆。又如，油岭古寨那位90岁的老奶奶唐甘拜婆，穿着靛蓝瑶服，站在石板古巷的雪地中，暖暖地唱着：“这么冷的天，远方的客人哟，谢谢您来看我……”我很感动——谢谢您，冒着风雪，把心中的歌儿唱给冒昧的我听。

其实，这也是我想对所有连南乡亲说的一句话——谢谢你们！

谢谢你们，一路陪我，让我重新认识了故乡连南的大美与瑰魅。它们永远像诗一般悠远，永远像画一般秾丽。

同时，也还要特别感谢连南县文联。本书的许多图片，由连南县文联提供。因为配图精美，《魅，自山中：连南风情探幽》更锦上添花了。

当然，我更庆幸，因为一年多以来的寻寻觅觅，因为许多或熟悉或陌生的故乡风物，让我对“我心中最美的地方”，更加眷恋，更加流连忘返！

潘小娴

2019年9月17日，广州